대한민국
리더들의
성공습관

대한민국
리더들의
성공습관

양진모 지음

세상에 대한 호기심이 생겼습니다. 그에 대한 의문으로 책을 읽기 시작했습니다. 여러 분야를 읽다보니 엘리트들이 사회에 진출하여 숱한 시련과 역경을 딛고 마침내 각기 자신의 분야에서 리더로 우뚝 선 성공담(成功談)에 눈길이 모아졌습니다. 그래서 특출한 그들을 보통 사람이 만나 보통의 질문으로 세상에 대한 문제를 풀고 싶었습니다.

그렇게 해서 인터뷰를 시작하게 되었는데, 이 책을 읽어보시면 아시겠지만, 요즘 흔히 잘 나가는 책과 달리 세상에 대한 요령이나 비법을 전파하는 책이 아닙니다. 하지만 한 분야의 업을 이룬 분들의 세상에 대한 철학과 삶을 대하는 태도와 일에 대한 자세를 다룬 내용이 대부분입니다.

처음 만났을 때에는 각 분야를 대표하는 리더인 그들과 우리는 다르다 느꼈지만, 막상 인터뷰를 거듭하면서 그들도 인생 초년 시절에는 같았으며, 세월이 흐를수록 자기 분야에서 대가에 이른 것을 깨달았습니다.

주목할 점은, 이 경지에 오르기까지 그들의 생각이나 행동, 그리고 시련을 극복한 과정과 태도에 초점을 맞추었습니다. 그리하여 각 분야의 리더로 오른 분들의 공통점을 느끼게 되었습니다.

기본적으로 리더들은 능력 이전에 성품이 올바릅니다. 그렇기에 주변에 사람들을 모읍니다. 우리가 사는 이 세상이 험하기 때문에 비즈니스로 만난 사람들은 이익 계산에 민감합니다. 그러므로 자신에게 도움되는 사람은 만나고, 이에 해당하지 않는 사람은 자연스레 관계가 멀어집니다. 그렇기에 인생이라는 무대에서 회를 거듭할수록 인간 관계는 순수했던 고등학교 친구 사이처럼 가까워질 수 없으며, 특히 사회 생활을 시작한 이후부터는 내가 소속되어 일하고 있는 인간 관계는, 관련되어진 일과 취미 생활의 틀 속으로 좁혀질 수밖에 없습니다.

능력과 조건이 아무리 뛰어나더라도, 사람은 기본적으로 오고 가는 감정이 있을 수밖에 없으므로, 성품이 그 실력에 미치지 못하면 관계를 이어나갈 수 없습니다. 행여나 이 사람이 나에게 당장은 도움이 될 수 있다는 판단이 들어 이후에도 얼마 동안은 관계를 유지할 수 있으나 오래는 못 간다는 얘기입니다.

그러나 리더들을 보면 능력도 있지만, 이 험한 세상에서도 성품이 올바르기에 모든 사람들이 믿고 일할 수 있어, 다방면에서 가리지 않고 수많은 인재들이 모여들게 됩니다. 즉, 조직이라는 것이 형성됩니다.

그런데 능력이 뛰어나고 성품이 그에 못 미치는 분들은 조직 형성이 안 되기 때문에, 리더가 되지 못하고 언제나 2인자가 됩니다. 우리가 이성 상대로 능력 있는 사람을 선호하는데, 뜻대로 결혼을 했지만, 성품이 안 되어 아무리 멋진 조건이라도 이혼하는 경우를 많이 볼 수 있습니다.

능력 이전에 필수로 갖춰야 할 것은 올바른 성품입니다. 성품과 함께 다양한 경험을 통해 지혜를 갖춰야 합니다. 지식이라는 것은 학교에서 배우고 책을 통해 머리로 익히는 것이지만, 지혜는 몸으로 체화시키는 것입니다. 그렇기에 우리는 다양한 경험을 통해 이 '삶에서 무엇이 나를 행복하게 할 것인가?' 라는 연습을 어렸을 때부터 시작하는 습관을 길러야 합니다.

생각이 선진화될수록 우리는 기존 관습에 얽매이지 않고 창의적인 생각을 통해 나에게 맞는 행복한 삶을 누릴 수 있습니다. 다양한 경험을 통해 내가 행복한 일을 선택할 수 있는 지혜를 갖췄다면 그 사람은 좋아하는 일을 선택했기에 시간이 지나면 자

연스레 전문성이 쌓일 것입니다. 곧 직장 내에서 인정을 받을 것
이며, 거기서 그치는 게 아니라, 지금부터는 세상에 인정을 받기
위해서 자신의 컨텐츠를 만들어야 합니다. 그럴려면 직장 생활
속에 자신의 전문성을 파고 들어가서 원리를 깨우쳐야 됩니다.

우리가 고등학교 때 우등생들은 원리를 깨우치고 공부를 열심
히 하지만, 잘 못하는 학생들을 보면 유형이나 형식에 집착합니다.
결과적으로 아무리 공부를 열심히 해도 원리를 못 깨우치고 그
주변에서 맴돌아 결국 공부를 잘 할 수 없는 현상이 나오게 되
는 것입니다.

원리를 깨우쳐 자기 자신만의 컨텐츠까지 이르게 되어, 숙성
과정을 거친 뒤, 다시 잘 가다듬어 컨텐츠가 완성되면 선전(PR)
을 해야 합니다. 그래서 그것이 세상이 원하는 흐름에 맞아떨어
지면 전문성을 지닌 자신만의 차별화된 컨텐츠가 돈이 됩니다.

우리들은 흔히 돈을 벌려고 하는데, 성공하는 사람들은 돈에 앞서 자신이 혼을 다해 좋아할 수 있는 일을 찾아 거기에서 대가가 되고, 그 속에서 컨텐츠를 만들어 세상에 가치 있는 일을 행해 돈을 법니다. 처음부터 돈을 벌 목적으로 접근한 것이 아니라, 애초부터 그 일이 좋아서 그 길만 한결같이 파서 어느 누구도 감히 넘볼 수 없는 작품을 만든 것입니다.

이 책이 여러분에게 상품이 아니라, 작품이 될 수 있는 영혼의 반려자와 같은 울림이기를 바랍니다. 뿐만 아니라, 이 세상을 지혜롭게 살아갈 수 있도록 생각의 선진화가 이루어지는 계기로 활용되기를 진심으로 희망합니다.

contents | 10in10 연재한 인터뷰

공병호

자기 경영

| 공병호 |

· 고려대학교 경제학과를 졸업, 미국으로 건너가 라이스대학교 대학원 경제학과
  를 수학하여 경제학 박사 학위를 취득하다.
· 재단법인 자유기업센터 초대 소장 역임, 재단법인 자유기업원 초대 원장 역임,
  (주)인티즌·(주)코아정보시스템 대표이사 역임. 교보생명 사외이사, 몽 페를랭
  소사이어티 정회원 등으로 활동하다.
· 현 재 공병호경영연구소 소장으로 재직.
· 삼성전자·현대자동차·LG전자·SK생명·CJ쇼핑·고려대·연세대 등에서 연평균
  300회 이상의 강연 활동으로 수많은 청중으로부터 뜨거운 반응을 얻고 있다.
· 저서로서는 《공병호의 창조 경영》《부자의 생각, 빈자의 생각》《공병호의 자기
  경영 노트》 외 다수가 있다.

| 공병호/자기 경영 |

Q : 선생님께서 많은 칼럼을 비롯해 강연과 책 등을 동시에 진행하면서, 일을 잘 하게 된 배경을 말씀해 주시겠습니까?

A : 어차피 인생이란 게 균형을 잡는 게임입니다. 학교를 다닐 때에는 영어·수학 등 여러 가지 과목들 사이에서 시간을 배분하지 않습니까? 내가 볼 때 자신의 자원은 한정되지 않았습니다. 시간과 본인의 힘 등 말입니다. 균형을 맞춰 잘 하면 유능한 것이고, 못 하면 힘도 들지만 성과가 나오기 힘듭니다. 그리고 그 사람들은 잘살기 힘듭니다.

결과적으로 말한다면, 생활의 밸런스를 유지하는 능력은 결정적으로 중요합니다. 첫 직장 생활을 하는 분들 중에서 분주하지만 마감 시간에 성과 없는 사람들은 프로세서를 왜 개선하지 않을까 하는 생각을 해 보았습니다. 즉, 자기를 잘 관리하는 능력이 필요합니다.

Q : 선생님께서 효과적으로 열심히 연마해서 지금의 경지에 이르셨습니다. 선생님처럼 행하신 분들께서 아직 방향을 잡지 못한 많은 사람들을 위해 조언을 해 주신다면 어떤 게 있습니까?

A : 우선 삶의 방향성이 필요합니다. 구체적인 방향은 아니더라도 내가 뭘 추구하는지 알아야 합니다. 이를테면 슬럼프가 오는 것이 삶의 방향 감각을 잃어버리는 데서 오지 않습니까? 구체적으로 이번 달에 무엇을 만들어야 하는지 명확해지면 그 다음에 자기가 갖고 있는 시간이나 힘의 활용과 분배는 방법론입니다. 내가 먼 미래까지는 아니더라도 정해진 시간에 뭘 해야 하는지 명확해야 오늘을 잘 쓸 거 아닙니까. 무엇을 해야 할지 먼저 정해지고, 그 다음에 어떻게 해야 되는지가 정해져야 됩니다.

Q : 어떻게 해야 할지도 모르는 사람들이 의외로 많습니다. 이런 사람들을 위해 솔직하고도 매서운 충고의 말씀 부탁 드리겠습니다.

A : 어떻게 해야 할지 모르는 사람은 역기 운동처럼 생활을 운용하는 능력도 단련의 산물과 같다고 보고 있습니다. 예를 들어, 프랭클린 다이어리를 쓰는 사람은 자기가 오늘 해야 할 일을 적어보고 저녁에 점검하면 하루하루가 나아지는 과정을 볼 수 있는데, 1년이 되고 10년이 되면 습관이 되어 제2의 좋은 천성이 됩니다. 누구나 근육을 키우고 싶지만 근육을 못 키우게 되는 이유는 반복을 안하기 때문입니다.

Q : 일을 행함에 있어 작심 삼일(作心三日)인 분들을 많이 볼 수 있습니다. 그렇다면 그분들도 단련을 통해 변화가 가능하다는 얘기입니까?

A : 할 수 있습니다. 하지만 나태한 사람은 할 수 없습니다. 나태한 사람은 본인이 왜 사는가 깊이 생각해 보아야 할 문제입니다. 내 방을 보면 온통 시계 아닙니까? 정해진 시간을 갖고 우리는 쓰는 거 아닙니까? 은행에서 돈을 빌려 쓰는 것과 마

찬가지로 삶의 유한성을 본인이 자각해야 내 삶의 순간순간에 의미 있게 노력할 것입니다.

Q : 슬럼프에 빠진 사람은 개선하거나 반복할 힘이 없을 것 같습니다. 그렇다면 슬럼프에 빠진 사람들은 어떻게 해야 되겠습니까?

A : 슬럼프에 빠진 사람들은 극복하기 위해 생활의 변화를 자꾸 주어야 합니다. 애기를 통해 해결해야 할 문제가 아닙니다. 하다 못 해 책을 읽고 여러 가지 행동을 해야 합니다. 결국 자기 자신의 소명이 필요합니다. 모든 것은 자신이 결정해야 할 문제입니다.

Q : 요즘 젊은이들을 보면서 아쉬운 점은 어떤 게 있습니까? 젊은이들을 위해 꼭 조언하실 말씀은 무엇입니까?

A : 요즘 젊은이들은 일이 없다고 하는데, 이해가 안 됩니다. 학교에서 배운 지식으로써 세상을 살아가는 데 필요한 기초 학문이 끝났으니까 이제부터 밑바닥(길거리 지식)부터 굴

러 치열하게 해야 하는데, 왜 안 하는지 이해가 안 됩니다.

그럴려면 자기 삶을 직시하고 혼자 설 수 있는 힘이 있어야 하는데, 그것은 대학에서 배울 수 없습니다. 필드에서 뛰어다니면서 세상의 이치, 돈이 만들어지는 이치도 배우고, 때로는 좌절감도 맛보며, 가슴 안에 아주 굳건한 토대를 만드는 것입니다.

아무도 자기를 도와줄 수 없습니다. 인생에서 기회는 아무 때나 오지 않습니다. 다만, 밑바닥이라고 느끼는 작은 하나라도 치열하게 노력하고 준비된 마음을 가진 사람한테만 성공할 기회가 온다는 것은 분명한 사실입니다. 인생은 일직선이 아닙니다. up down up down하면서 방향선을 그리는데, 다운일 때 못 일어나면 가는 것이고, 일어나면 자신이 한 단계 올라가면서 자신감이 축적됩니다.

이들에게 부양할 가족이 있습니까? 없지 않습니까? 젊은이들은 실패를 두려워하지 마시기 바랍니다.

Q : 자신을 경영하며 성공한 분들의 특징은 자신의 일을 즐겼습니다. 하지만 자신의 일을 즐기지 못하는 분들에게 해 주실 말씀이 있으시다면 부탁을 드립니다.

A : 세상에서 자신의 일을 즐기는 직업을 가진 사람은 엄청난 행운을 잡은 것입니다. 모든 사람들에게 주어지는 것도 아닌데 그 행운을 잡은 사람은 분명 용감한 분들입니다.

두 번째는, 인생 초년부터 그 행운은 결코 그저 주어지지 않는 것입니다. 예술가들 중에서 운이 좋은 경우를 제외하고 자기가 진짜 좋아하는 일을 찾아가기 위해서는, 처음에 만나는 엄청난 허드렛일조차도 즐겨야 합니다.

내가 처음부터 성공한 강연자가 되어 있겠다고 생각했겠습니까? 다만 꿈은 있었습니다. 미국의 피터드러커처럼 되면 참 멋있을 것 같다고 생각했습니다.

그러나 그 꿈에 이르기 위해서는 엄청난 틈이 있었습니다. 연구소에서 차(茶)를 타는 일도 해야 되었고, 남 문 열어주는 일도 해야 하는 등 그 수많은 허드렛일이 이어지면서 나의 꿈을 향해 달려온 것 아닙니까? 꿈이 없는 사람은 애초에 잘 될 가능성이 없습니다. 꿈이 있어야 합니다.

Q : 젊은이들이 꿈을 이루기 위해서는 어떻게 해야 합니까? 그들에게 한 마디 말씀해 주시겠습니까?

A : 꿈을 이루기 위해서는 구체적인 목표가 있어야 됩니다. 그리고 목표를 달성하기 위한 구체적인 계획이 필요합니다. 꿈만 꾸는 사람과, 꿈·목표·계획이 실행되는 사람과는 차이가 날 수밖에 없습니다. 그래서 세상에는 성공한 사람이 소수이고, 다수는 어중간하게 머물다 가는 것 아닙니까?

나는 쿨합니다. 따듯하게 말해 줄 수도 있지만, 벌써 20대를 넘어선다는 것은 본인의 운명에 대해 책임을 져야 할 나이이기에 어리광을 받아주고 싶지 않습니다. 젊은이들은 자신의 인생을 스스로 책임 지시기 바랍니다.

Q :《10년 법칙》이란 책에서 '10년 선행 투자가 전문가의 입신을 위한 기간'이란 내용이 있습니다. 하지만 일각에서는 3년이면 평범한 개인이 번역되는 준비 기간이라고 합니다. 이에 대한 견해는 어떻습니까?

A : 3년은 적다는 생각이 듭니다. 내 생각에는, 자기 자신을 많이 이해하면 기간을 10년에서 조금 뺄 수는 있습니다. 그 사이에 자기의 재능 있는 분야를 모색하고 진화하는 시간까지 포함해 10년 전후입니다. 단, 전제 조건은 치열함이 병행해야 됩니다.

Q : 인생은 3모작 시대라고 합니다. 시대에 대응하는 자세
는 어떻게 해야 합니까?

A : 20대에는 본인에게 주어진 경험을 다 해 봐야 한다고
생각합니다. 30대에는 약간 범위를 좁혀야 됩니다. 일단
직업인으로서 자신이 입신할 수 있는 플랫폼을 만들어야 될 것
같습니다.

그런데 한 시기라도 놓치면 반드시 비용을 지불해야 합니다.
젊은 날 실컷 놀았다, 예외는 없습니다. 그것을 극복하기 위해서
더 많은 노력을 하든지, 아니면 이후에 힘든 고생을 하든지 해야
하는데, 인생에서는 절대 공짜가 없습니다.

일단 학교를 다니는 사람은 열심히 공부해야 합니다. 생업에
부담을 안고 자기 자신에게 투자할 수 있는 시간은 학창 시절이
베스트입니다. 40대에는 건강에 주의해야 하고, 자기 분야에 두
각을 나타내야 합니다.

50~60대 중·후반은, 수명이 많이 길어졌으므로, 또 다른 삶
에 대한 도전이 있어야 합니다. 자기 분야에 전문 직종을 갖고
비즈니스를 일으킬 수도 있으며, 완전히 자기를 버리고 유니세프
등 봉사 활동을 할 수도 있으며, 그것은 본인의 가치관에 달려
있습니다.

Q : 요즘 우리 사회는 양극화가 심화되었습니다. 자본주의 시대에서 개인이 살아가는 방법을 쉽게 말씀해 주시기 바랍니다.

A : 자본주의 시대는 가혹합니다. 개인은 확실히 능력이 있어야 합니다. 좋은 학벌이 아니고, 다른 사람을 도울 수 있는 능력이 있어야 합니다.

이를테면 A라는 회사에 들어갔을 때, 본인이 디자인 능력이 탁월하다든지, 어학 실력이 탁월하다든지, 자기만의 주특기가 있어야 합니다. 극단적인 표현으로 어중간하면 100만 원대에 살다 갈 수밖에 없습니다.

그런 측면에서 보면 부자들을 비난할 이유가 없습니다. 부자는 남들을 만족시키는 데에 성공한 사람입니다.

Q : 선생님의 철학에 대해 듣고 싶습니다.

A : 내 철학을 간단히 정리하면 고전적 자유주의입니다. 개인적 차원에서 적용하면 셀프 헬프 이 모든 것은 개인에서 출발한다고 보고 있습니다. 자기가 잘 되어야 되고, 자기가 행

복해야 됩니다. 세상의 많은 비극이 자기가 행복하지 않기 때문에 발생하는 것 같습니다. 자신이 행복하면 가족이 행복하고, 친구·나라가 행복할 것 같습니다.

그 행복의 근원은 자기 자신을 지탱하는 힘에서 나오는 것입니다. 그것은 실력일 수도 있고, 건강일 수도 있고, 체력일 수도 있고, 믿음일 수도 있습니다.

Q : 자신을 경영하는 데 있어 경제적인 태도도 중요할 듯 싶습니다. 부(富)에 대해 어떤 자세를 취해야 바람직하다고 볼 수 있겠습니까?

A : 부자가 되는 길은 두 가지입니다. 하나는 자신의 가치를 높이는 방법과, 또 그로 인해 생긴 종자돈으로 투자를 하는 방법이 있습니다.

많은 사람들이 후자에 더 관심이 많습니다. 그런데 소위 재테크에는 얼마나 고수들이 많이 있겠습니까. 평균 이자율보다 훨씬 높은 수익률을 올리기에는 힘듭니다. 대박은 로또나 땅에 있다고 생각하는데, 그것은 리스크가 크지 않습니까. 확률도 작습니다. 결국 대박은 자기 자신에게 있어야 합니다. 그러므로 자기 자신을 펙토리(돈을 만들어내는 회사)로 만들어야 합니다.

Q : 마지막으로 말씀을 드리겠습니다. 한 분야에 업을 이루신 분들에게 듣는 인터뷰이지만, 반대로 일반인 중에는 방황하시는 직장인들이 많습니다. 그분들에게 조언해 주시는 것으로 인터뷰를 마치도록 하겠습니다.

A : 본인이 자신의 리스크가 없으면 성장을 할 수 없습니다. 본인이 취미가 없는 분야에서 꽃을 만개시키기는 힘듭니다. 그리고 그 와중에 자기가 뭘 원하는지 모르는 사람들도 많습니다. 그 사람들은 자신이 책임져야 됩니다.

나이 서른이 되어서도 자기가 원하는 것을 모르겠다 하는데, 그것은 평소에 자기 자신에 대해 깊은 관심을 갖지 않았기 때문입니다. 그 사람은 그냥 살아온 것입니다.

자기 자신에게 깊은 관심이 있어야 합니다. 내가 누군가? 내가 어떤 사람인가? 일을 하면서 항상 관심 깊게 자신을 봐야 합니다. 그 과정이 진행되다 보면 자연스럽게 앞으로의 개선할 방법과 길이 보이게 될 것입니다.

최윤희

행복 디자이너

| 최윤희 |

· 이화여자대학교 국문과를 졸업하다.

· 서울특별시 영상매체 심의위원, 코스모폴리탄 카운슬러, 여성단체 출판공보위원, 호텔 등급 심사위원으로 활동하다.

· KBS 명사 특강, MBC 느낌표 특강, SBS 행복 특강, EBS 스페셜 특강 등을 진행했으며, 현재 KBS 아침마당에 고정 출연 중이다.

· 청와대·공공기관·기업체·대학 등에서 공무원을 비롯해, 직장인·주부 등을 대상으로 강의 활동을 하고 있는 스타 강사로서 손꼽히고 있는데, 삼성 그룹의 외부 초정 강사 1,300명 중 1위로 선정될 만큼 명강사로 위력을 떨치고 있다. 특히 종교계는 물론, 재벌 그룹 회장단, 카이스트·국정원을 비롯해, 전국에서 모인 흉악범들 및 룸살롱 여종업원들에게도 초청을 받아 강의를 했다.

· 저서로는《유쾌한 행복 사전》《웃음 헤픈 여자가 성공한다》《고정 관념 와장창 깨기》《당신의 인생을 역전시켜라》외 다수가 있다.

| 최윤희/행복 디자이너 |

Q : 성공의 기준을 재해석하셨다고 모두들 평가하고 있습니다. 이러한 선생님의 행복 철학을 듣고 싶은데, 이야기해 주시겠습니까?

A : 우리는 성공한 사람들을 보면 기가 죽지 않습니까? 그런데 나를 본 사람들은 오히려 기가 산다고 합니다. 내가 길치에다 음치, 그리고 방향치인지라, 같이 24시간 있어 보면 아시겠지만 99퍼센트는 바보 같습니다.

하지만 1퍼센트의 특별함으로 99퍼센트의 바보 같은 모습을 샅바 잡아 뒤집기해 버렸습니다. 별명이 걸어다니는 희망 탱크입니다. 지금까지 성공의 뜻이 일류 대학을 나와 좋은 직장 다니면서 외제 자동차에다 명품 두르는 것인데, 물론 여기서 남을 배려하면 성공이지만, 남이 보기에 완벽한 조건임에도 불구하고 화내고 남을 짓밟으면, 그 사람은 실패한 인생입니다.

잘사는 것은 껍데기일 뿐입니다. 꽃등심을 먹어도 징징거리면 불행한 것이고, 돼지 껍데기를 먹어도 깔깔깔 호호호 행복하면 성공한 것입니다.

우리 나라는 학벌 사회에 대한 병폐로 학력 위조 사건도 일어나지 않았습니까. 또한 외모 지상주의 때문에 루키즘도 일어납니다. 이제는 성공의 기준을 바꿔야 합니다.

Q : 많은 사람들이 행복해지고 싶은데, 어떻게 행복해야 되는지 모릅니다. 행복해지려면 어떻게 해야 하는지 이야기해 주시겠습니까?

A : 행복은 셀프입니다. 없는 것 생각하면 못 삽니다. 여건이 부실해도 노력해야 됩니다. 나에게는 죽까(죽기 아니면 까무러치기), 맨딩(맨땅에 해딩하기), 깡벌(깡따구 있게 벌떡)이란 3대 정신이 있습니다.

인생이라는 라운드에 우리는 쓰러질지라도 드러눕지 않고 일어나 매순간 역경과 고난에서 이겨 챔피언 벨트를 획득해야 합니다. 수억 원이 있어도 조그만 시련에 고통받고 포기해 버리면 무엇합니까? 내 지갑 속의 비상금으로 3대 정신은 항상 휴대하고 있습니다.

Q : 문제를 대하는 것에 있어서 생각이 중요한 것 같습니다. 이 점에 대해서 설명해 주시겠습니까?

A : 사람이 물구나무서기를 하면 건강이 좋아집니다. 마찬가지로, 생각의 물구나무서기를 해야 합니다. 그렇다면 역발상을 해야죠.

인생이라는 것, 여러 가지입니다. 사진 찍을 때 보면 초보는 증명 사진 한 가지로 찍지만, 프로 사진 작가는 옆에서도 찍고 뒤에서도 찍고 사방에서 촬영합니다. 인생도 마찬가지입니다. 한쪽만 보면 한 가지, 즉 1인분 삶입니다. 역발상해 다양한 부류의 인생을 클릭해야 합니다.

Q : 다양한 생각을 하기 위해서 사고의 전환이 이뤄져야겠습니다. 어떻게 해야 합니까?

A : 인생이라는 대학에서 나이는 번지 점프해야 됩니다. 문제는 내 정신과 행동입니다. 사고의 전환을 갖기 위해서 호기심을 갖고 여러 방면으로 클릭해야 됩니다.

내 생긴 것을 비롯해 집안과 나이는 태어나서 자연스럽게 바꿀 수가 없기에 책임을 질 필요가 없습니다. 하지만 진짜 내 생각과 행동은 바꿀 수 있기에 자기 자신에게 책임을 져야 합니다.

Q : 자신이 세상에 책임을 갖고 인정받으려면 어떤 포지셔닝을 취해야 되겠습니까?

A : 오늘날은 마케팅 시대입니다. 따라서 나라는 사람이 곧 상품이자 작품이 되기 위해서는 이미지를 컬러링해야 됩니다. 나란 사람은 하얀데 까맣다고 과대 포장을 하면 안 됩니다. 나만의 이미지를 만들어야 되고, 브랜드 가치를 높이는 연습을 계속 기울여야 합니다.

그럴려면 나의 강점을 집중하기도 하고, 반대로 약점을 강점으로 역발상해야 합니다. 나 같은 경우에는 얼굴이 예쁘지 않습니다. 내가 남들이 구조 조정당할 38이란 나이에 광고 회사 신입사원으로 취직했습니다. 그러다 보니 다양한 종류의 온갖 기기묘묘한 설움을 받아 고통의 스나미가 와서 그 흔적으로 얼굴이 이렇다라고 스스럼없이 말하기도 합니다.

이제는 하자품이 뜨는 시대입니다. 나의 외모 때문에 사람들이 편하게 나를 대하거나 생각합니다.

Q : 선생님께서는 넘버 원(NO.1)이 아닌 온니 원(ONLY.1)이 되라고 강조하십니다. 보통 사람들에게 좀더 쉽게 와닿게 설명해 주시겠습니까?

A : 예전에는 한 줄로 모아놓고 가장 공부를 잘 하는 사람이 잘사는 시대였습니다. 그러나 이제는 세상이 하루가 다르게 발전하면서 한 줄이 아니라 여러 줄의 세상이 되어 버렸습니다.

그러므로 넘버 원의 시대가 아닌, 이제는 나만이 할 수 있는 유일한 온니 원이 되어야 잘사는 시대입니다. 나 같은 경우, 아무나 할 수 없는 것이잖아요. 요즘 블루 오션이라 말하는데, 나는 그 얘기를 예전부터 말해 왔습니다.

Q : 강연에 사람들이 많이 오신다고 들었습니다. 그 원인은 어디에 있다고 보십니까?

A : 내 강의는 확 다가오는 것이 아니라 스며드는 것입니다. 벌써 강연한 지 8년이 지났는데, 갈수록 수요가 많아집니다. 보통 2~3년을 하면 지방 곳곳까지 돌아 줄어드는데, 난 리필이 많아서 반대로 더 바빠졌습니다.

그 이유는 재미와 감동이 있기 때문이라고 생각합니다. 요즘 사람들은 재미 없으면 강연 안 듣습니다. 내 강의가 개그맨보다 웃긴다고 소문이 났습니다. 처음에는 보통 사람들의 얘기로 유쾌하게 하다가, 나중에는 감동까지 준다고 합니다.

Q : 전업 주부 당시에는 이렇게 유쾌하지 않았다고 고백하셨습니다. 그렇다면 그 당시와 오늘날의 생활에서 오는 차이는 어디 있다고 생각하십니까?

A : 한 마디로 지난날 전업 주부 시절에는 환경이 우울했습니다. 내 친구들은 내가 그 때도 잘 웃었다고 하지만, 보편적으로 80퍼센트는 우울했습니다.

광고 회사를 가니 프리젠테이션 주재할 때 말을 안 하면 안 되는 상황이어서 얘기하다 보니 사람들이 재밌어 했습니다. 또 사회 생활을 하다 보니 '이런 세상이 다 있구나, 재밌네' 라는 생각이 들었고, 자신감도 붙어서 책도 나왔고, 방송에 출연하기까지 이르렀습니다.

Q : 인터뷰를 진행하다 보니 선생님의 일상 생활이 소박하실 것 같은 생각이 들었습니다. 어떻습니까?

A : 내 옷을 보면 아시겠지만, TV에 출연하는 사람이 상의가 4,900원, 하의도 4,900원입니다. 이른바 싼루오션(싼 걸로 블루 오션)입니다.

간만에 내 친구를 봤는데, 가격 64만 원짜리 옷 입고 신경 쓰여 제대로 움직이지를 못 합니다. 넬슨 만델라는 자유를 얻기 위해서 수십 년 걸쳐 싸웠는데, 내 친구는 비싼 옷 때문에 자유를 잃었습니다. 그래서 난 명품의 의미를 못 느낍니다.

Q : 책에 관심이 많은 것 같습니다. 선생님의 풍부한 학식과 교양은 책에서 얻었다고 볼 수 있겠습니까?

A : 난 밥보다 책이 맛있습니다. 예전에 가난하다 보니 교보문고에 가서 책을 많이 읽었습니다.

하루는 직원이 나에게 책을 제일 많이 읽으시는 분이라고 말

할 정도로 보고 또 봤습니다. 책 읽을 때와 영화 볼 때가 나는
가장 행복합니다.

Q : 인터뷰 초반에, 서른여덟 살에 사회 신입 사원으로 첫
발을 내딛을 때 설움을 겪었다고 하셨습니다. 그렇지만
결국 남다른 친화력을 발휘하셨습니다. 인간 관계를 잘 맺는 자
세는 어떤 것이 있겠습니까?

A : 사회 생활이라는 정글에서 살아남으려면 무엇보다 인
간 관계가 좋아야 합니다. 내가 볼 때 능력은 대부분이
엇비슷하지만, 인간 관계에서 사람마다 반 이상의 차이가 나는
것 같습니다.

인간 관계가 좋으려면 실자매(진실과 성실)가 따라와야 됩니다.
순수를 건드리면 사람의 문은 열리게 되어 있습니다.

내가 가수 조용필 씨를 인터뷰할 때, 내 이야기가 재밌다고 부
모님이나 아내에게 못다 한 사연들을 술을 마셔가며 9시간 동안
얘기했습니다. 물론 나는 술을 못 하기에 음료를 마셨습니다. 조
용필 씨는 슈퍼 스타이시기에 온갖 오피니언 리더를 만나셨겠지
만, 그분은 순수로 따지자면 서울특별시장에 뽑힐 정도로 마음
이 순수하신 분이셨습니다.

Q : 하루에 14시간 일하신다고 들었습니다. 그럼에도 불구하고 일을 즐기는 것 같습니다. 선생님처럼 하고 싶은 일을 하기 위해서 해야 할 방법을 알려주실 수 있겠습니까?

A : 노트에 내가 하고 싶은 꿈의 리스트를 쓰고, 자신이 할 수 있는 것을 액션 리스트로 작성합니다. 꿈의 리스트에서 액션 리스트에 해당되지 않는 사항을 지우다 보면 남는 것이 있습니다. 그것이 목표가 됩니다. 그 목표를 핵심으로 액션하고 돌진해야 됩니다.

수많은 생각이 있으면 뭐합니까? 많은 사람들이 꿈 속에서 머무르는데, 정작 중요한 것은 천 개의 생각이 아니라, 하나의 행동이 정말 중요합니다.

Q : 시청이나 기업체의 강연뿐만 아니라, 의정부 청소년수련원에서도 강연을 하셨습니다. 평소 강의와 다를 것 같습니다만, 어떻습니까? 이 질문을 마지막으로 인터뷰를 마치겠습니다. 감사합니다.

A : 의정부 청소년수련원에 가니까 일단 가출이나 부모님 등등 하지 말아야 할 말이 많았습니다. 그 사소한 말들

이 강의을 듣는 친구에게는 상처를 줄 수 있기 때문에, 강연을 하면서 굉장히 조심스러웠습니다.

또한 유흥업소의 종업원들에게도 강연을 한 적이 있습니다. 말한 중요 포인트는, '너희들은 프로 정신을 가져라'입니다. "너희들의 직업도 엄연한 직업이다, 직업을 부끄러워해 스트레스를 받아 술 마시지 말고, 괜히 팔에 흉터 만들지 말고, 정 하기 싫다면 다른 일을 할 수 있도록 목표를 정하라"고 했습니다. 대신, "당장 그만두면 살 길이 없으니, 일하는 동안이라도 프로 정신을 갖춰 일하고, 5년 후를 위해 지금부터 돈을 모으며 준비하라"고 했습니다.

interview 03

구본형

변화 경영 전문가

| 구본형 |

- 서강대학교 역사학과를 졸업하고, 동 대학교 대학원에서 경영학을 전공하였다.
- 한국 IBM에 입사하여 기획과 실무를 총괄하고, 본사의 말콤 볼드리지 국제 심판관으로, 아시아 태평양 조직들의 경영 혁신과 성과를 컨설팅하다.
- 현재 구본형 변화경영연구소 소장으로 재직.
- 10년 동안 백 명의 변화경영 연구원들을 양성했고, 5백 명의 꿈벗 커뮤니티를 구성함. 한국능률협회로부터 제1회 경영혁신대상 개인 공로상을 수상했고, 삼성 SDS에서 활동 중인 명강사 중 최고의 강사로 선정했으며, CEO들이 뽑은 최고의 변화경영 이론가이고, 직장인이 가장 만나고 싶어하는 제1순위에 선정되어 있다. 또 KBS 라디오에서 '구본형의 성공시대' 를 12부작 드라마로 제작, 방송했다.
- 저서로는 90년대의 책 100선에 선정된 《익숙한 것과의 결별》을 비롯해, 《사자같이 젊은 놈들》, 《그대 스스로를 고용하라》 외 다수가 있다.

| 구본형/변화 경영 전문가 |

Q : 세상 사람들이 부러워하는 직장 중 하나인 IBM에서 직장인 생활을 16년이나 하시다가 1인 기업으로 나오셨습니다. 그 배경이 궁금한데, 이야기해 주시겠습니까?

A : 직장 생활에서 40이라는 나이가 지나면 무언가의 모색이 필요합니다. 그런데 가정이 있는 가장이다 보니 수입도 없이 그만둘 수가 없었습니다. 그렇기에 그 모색 중에서 지속적인 수익성과 병행하는 일을 함께 고려하여 나를 찾는 과정을 밟아보기로 했습니다.

우선 내가 무엇을 잘 하나 고민을 했습니다. 나는 평상시에 글쓰기를 좋아합니다. 소설을 써볼까도 생각했는데, 그곳은 쟁쟁한 경쟁자가 너무 많아 포기하고, 그렇다면 IBM에서 경영 혁신의 기획과 실무를 총괄하던 경험을 토대로 나에게 범용화시켜 사람들의 마음을 바꿀 수 있는 변화 경영을 포지션해, 일을 다니며 새벽 4시에서 6시까지 책을 출간하기 위해 글을 쓰기 시작했습니다.

98년에 《익숙함과의 결별》을 내어 책이 베스트 셀러가 되었습니다. 그리고 내가 계속해서 책을 낼 수 있는가 테스트하기 시작했습니다. 그래서 1999년과 2000년에 1년마다 1권씩 썼고, 시장에서 반응도 좋아 1인 기업으로 독립했습니다.

Q : 나를 찾는 과정에 대해, 다시 말해 자신의 길을 찾아가는 것에 있어 구체적이십니다. 많은 분들의 이해를 돕기 위해 쉽게 설명해 주시겠습니까?

A : 핵심은 세 가지입니다. 먼저 자신이 어떤 기질을 갖추고 있느냐가 중요합니다. 내성적인 성향을 가진 사람이 영업을 한다고 하면 별 성과가 나오지 않습니다.

두 번째는 어떤 재능을 가지고 있는지 발견하는 것입니다. 이 재능을 찾은 사람은 자신이 조금만 노력해도 탁월한 성과가 나옵니다.

세 번째로 내가 여태껏 살아오면서 사람들에게 무엇을 인정받아 왔고, 과거를 뒤져 내가 앞으로 활용할 수 있는 경험이 무엇인지 알아내세요. 과거의 사건들과 만남을 회고하여 내가 어떤 일을 잘 하고, 또 어떤 일에 관심을 가지고 있는지 알아내야 됩니다. 내가 가지고 있는 타고난 기질이 무엇이며, 또 쓸 만한 재능이 무엇인지 알아내고, 개인의 역사를 자세히 되짚어 나의 정체를 알아내야 합니다. 그리고 나의 기질·재능·경험을 서로 연결하여 특별한 나만의 직업을 찾아야 합니다.

Q : 좋아하는 일과 잘 하는 일의 괴리가 있는 사람은 어떻게 그 일을 조율할 수 있겠습니까?

A : 가령 음악을 너무 좋아해 가수를 꿈꾸는 사람이 있습니다. 그렇지만 가수를 위해 노래 연습을 아무리 해도, 더 나아가 실력이 일정 수준에 도달해도, 그 이상 향상이 되지 않을 경우, 가수의 길을 가기보다는 방향을 엔지니어로 바꿔 그 일에 성과를 낸다면 음악을 계속해서 할 수 있습니다.

"누구나 노력하면 무엇이든 잘 할 수 있다"고 말하는데, 이것은 아니라고 봅니다. 사람은 잘 할 수 있는 것과 못하는 것이 따로 있습니다. 그러므로 자신이 좋아하면서 잘 할 수 있는 것을 찾아 강점에 올인해야 합니다.

Q : 직업에 있어 차별화가 핵심이라고 강조하십니다. 이 점
에 대해서는 어떻게 생각하십니까?

A : 산업 사회에서 요구한 스탠더드의 시대는 지나갔으며,
차별적이고 특화된 전문가의 지식 시대가 왔습니다. 노동 시장 어디에서고 만날 수 있는 사람들의 자리는 치워졌습니다. 이제 평생 직장의 시대는 갔습니다.

직업을 여러 차례 거치는 신유목주의 사회에서 지금은 '유일한 것이 최고'인 시대입니다. 그렇지만 설령 미래를 예측해 우연히 자신이 그 시장을 선점해도 전문성이 없으면 곧 다른 사람에게 대체될 수 있습니다. 차별화와 더불어 전문성이 있어야 합니다.

Q : 전문가가 되기 위해서 네 가지를 강조하셨습니다. 이
것을 세부적으로 말씀해 주시겠습니까?

A : 네 가지가 핵심 키워드입니다. 첫번째는 자신이 지금까지 한 성취가 자랑할 만한가? 두 번째는 당신의 고객이 당신의 업무 처리에 감동한 적이 있는가? 세 번째는 경력을 통해 얻은 전문성을 증명할 수 있는가? 네 번째는 전문성 강화에 도움을 주는 휴먼 네트워크를 구축했는가?

대부분의 직장인들은 이 네 가지 질문에 대답하지 못합니다. 그러니 고용 안정성이 낮을 수밖에 없습니다.

Q : 전문가로 입신하고 싶은, 취업을 앞둔 대학생이 유념해야 될 것도 있을 것 같습니다. 그 문제도 한번 짚어주시겠습니까?

A : 첫째는, '무엇을' 팔 수 있는지 알아내어서 준비해야 합니다. 이것은 타고난 기본적 재능이 무엇인지 알아야 한다는 뜻입니다. 직업은 재능을 파는 것입니다.

둘째는, '어디에'입니다. 이 전용적 소질을 어디에 팔 것인지를 결정해야 합니다. 자신이 좋아하는 주제나 흥미를 느끼는 분야를 확인하라는 것입니다.

그리고 이 분야가 실제로 활용되는 직업이 어디인지 정보를 구하고 연구하라는 것입니다. 예를 들어, 눈썰미가 맵고 기억력이 좋은 특성을 가지고 있는 사람이 장신구에 관심을 가지고 있다면 훌륭한 액세서리 코디네이터가 될 수 있을 것입니다. 만일 이 사람이 범죄에 관심을 가지고 있다면 훌륭하고 차별적인 수사관이 될 수 있을지도 모릅니다.

재능은 한 직업에만 국한되지 않고 여러 직업에 전용될 수 있습니다. 그래서 재능을 '전용적 소질'이라고도 부릅니다. 재능은 그 쓰일 곳을 알아내야 비로소 제값을 받을 수 있습니다.

셋째는, 가장 일하고 싶은 조직에 '어떻게' 취업할 수 있는지 그 방법을 찾아내는 것입니다. 그러나 정말 중요한 것은 전용적 소질과 그것이 적용될 수 있는 분야와 주제를 찾아가는 끈질긴 자기 탐색 노력을 포기한 채 '어떻게' 라는 구직의 요령으로 넘어가서는 절대로 효과를 볼 수 없다는 점을 명심해야 합니다.

Q : 그렇다면 자기 계발이 필수이겠습니다. 어떻게 하면 자기 계발을 잘 할 수 있겠습니까?

A : 그 영역은 세 가지로 나눌 수 있습니다. 첫번째는 지금 하고 있는 일, 두 번째는 인간 관계, 세 번째는 좁은 의미의 자기 계발과 취미, 그리고 자기 세계를 구축하는 것입니다.

자기 계발의 가장 중요한 부분 중 하나가 일입니다. 우리는 성인이 된 후 깨어 있는 시간의 1/3 이상을 일을 해야만 하는 상황입니다. 그 시간을 어떻게 보내는지에 따라 삶이 크게 변하게 됩니다. 타인과의 관계에서 제일 중요한 것은 역시 가족입니다.

가족과 보낼 시간이 점점 줄어드는 현실에서 일과 가정을 양립할 수 있는 방법이 절실합니다. 일과 가족 외에도 자기 한 사람이 행복하기 위해서는 자신이 좋아하는 일이 필요합니다. 인생 전반부에 좋아하는 일을 못 했다면 인생 후반부에 이 좋아하는 일은 취미 수준을 뛰어넘어 시장에서 가치를 인정받을 수 있는 직업으로 변신시켜야 합니다.

취미를 프로로 전향하게 되면, 그것은 진정한 의미에서 평생 직장이 됩니다. 취미가 있느냐 없느냐에 따라 삶의 후반기에 여전히 품삯을 벌기 위해 일하느냐, 즐기기 위해 일하느냐로 갈리게 됩니다.

Q : 앞으로 계획은 어떻습니까?

A : 나의 명함을 보면 '우리는 어제보다 더 나은 사람을 돕고 싶습니다'라고 씌어 있습니다. 그 말은 부럽고 따라하고 싶은 남의 모습이 아닌, 내 안에 숨겨진 모습을 찾아내어 어제보다 나은 자신을 변화시키는 사람들의 발전을 돕는 것이 앞으로의 비전입니다.

interview 04

생애 재무설계

| 강창희 |

· 서울대학교 농업경제학과를 졸업하고 일본으로 건너가 도시샤대학교 상학연구
  과에서 석사 학위를 취득하다.
· 한국증권거래소와 대우증권(주)를 비롯해, 현대투자신탁운용·굿모닝투신운용
  대표이사를 역임하다.
· 현재 미래에셋 투자교육연구소 소장으로 재직.
· 대우증권 동경 사무장 시절에 일본 경제 버블 몰락을 지켜보며, 그 문제점과 대
  처법을 파헤쳐 국내에 소개함으로써 뜨거운 반향을 일으켰고, '바이 코리아' 열
  풍을 몰고 온 주역이다.
· 저서로서는《글로벌 금융업 시대의 증권, 투신경영전략》《직접 금융 시대의 증
  권, 투자경영전략》《30대 이후의 인생 재테크, 펀드 투자로 시작하라》등이 있다.

| 강창희/생애 재무설계 |

Q : 서울대 농경제학과를 졸업하셨고, 증권거래소에는 73년 10월에 입사하셨습니다. 전공이 다름에도 불구하고 입사하시게 된 배경에 대해 궁금합니다. 말씀해 주시겠습니까?

A : 내가 대학 들어갈 때는 농업의 비중이 컸기 때문에, 시골 출신이다 보니 우리 나라의 농업 문제를 해결하는 농업경제학자가 되거나, 아니면 농협에 들어가서 농민들을 위해 도움이 되는 일을 할 수 있을까 해서 입학을 했습니다.

그런데 군대 갔다와서 복학을 하고 졸업반이 되니까 거창한 꿈보다 당장 취직을 해야 했었습니다. 우리 시골 동네에서 내 삼촌들이 논 팔아서 대학에 보냈지만 취직을 못 하고 집에서 놀고 계셨기 때문에, 논 팔아서 대학 보내면 안 되는 사례가 되어 있더라고요. 내가 똑같은 사례가 되면 안 되겠다는 생각이 들어서 시험 공부를 열심히 했습니다. 우선 농협에 들어가기로 목표로 삼고 공부를 하고 있었는데, 73년 여름에 증권 거래소 신입 직원 모집 광고가 났습니다.

우연히 신문 광고에서 채용 광고를 보고 응시를 했습니다. 그 때 내가 영어 실력이 모자랐기 때문에 고등학생들과 같이 《영어 1,200제》라는 교재로 학원에 가서 공부를 하고 있었는데, 나중에 보니까 이 책에서 시험 문제가 하나 출제되었더라고요. 상당히 우수한 성적으로 합격했습니다. 그래, '이것은 하나님께서 나에게 여기 들어가라고 하시는 거구나' 하는 생각이 들었습니다.

그리고 그 동안 너무 공부에 스트레스를 받다가 취직되니까 공부하기도 싫어지고 주위에서 동급생들이, "이제 너는 취직됐으니까 괜히 경쟁력 높이지 말아라" 하며 다른 곳에는 원서도 못 내게 해서 첫 시험이자 첫 직장인 증권 거래소에 입사하게 된 것입니다. 금년으로 증권업에서 일한 지 만 34년이 되었습니다.

Q : 80년대 후반 일본의 경기가 최대 호황일 때 대우증권 동경 사무소장으로 근무하셨습니다. 그 뒤, 10년 넘는 불황이 계속되었습니다. 당시 일본 버블 경제의 형성과 붕괴 과정을 가까이에서 지켜보시면서 많은 느낌이 있으셨을 텐데, 그

당시의 상황을 설명해 주시겠습니까?

A : 1975년 8월, 동경증권거래소에 가서 한 달 동안 연수를 받았고, 78년 6월에서 8월, 약 두 달 동안 일본의 신일본증권에서 연수를 받을 기회가 있었습니다.

내가 앞서 말했듯이 영어를 못 했습니다. 영어를 못 하는 데 대한 열등감에 빠져 있던 중 우연히 동경증권거래소에 연수를 갈 기회가 있었기 때문에, 그러면 '영어를 못 하니 일본어라도 대신 잘 해둬야지' 하는 생각에서 일본어를 열심히 했습니다.

다른 사람들은 연수를 다녀와서 대부분 일본어를 그만두었는데, 나는 일생의 기회가 될 것 같아서 외국어대학교 어학연수원 6개월 코스 일본어 과정을 다녔습니다. 일본어를 하게 된 것이 결과적으로 내 인생에 큰 도움이 되었다고 생각합니다.

이것이 계기가 되어 80년 10월부터 89년 2월까지 8년 넘는 기간 동안 일본 근무를 하게 되었습니다. 그 기간은 일본에서는 버블 경기, 우리 나라는 3저 호황기였습니다.

얼마나 경기가 좋았던지 89년 1월에 본사 국제 영업부장으로 발령을 받고 귀국하기까지 한 달 동안 일본 친구들이 동경의 긴자, 한국의 압구정동 같은 데서 거의 매일 값비싼 술집에서 환송회를 해 주었습니다. 우리들은 드디어 아시아태평양시대가 오고, 한국과 일본이 세계의 주역이 되는데 미국은 문제라고 걱정을 하면서 술을 마셨습니다.

그런데 귀국 후 얼마 안 되어 한국과 일본의 주식 시장이 급락을 하고, 그 후에 우리 나라는 IMF 금융 위기, 일본은 잃어버린 10년을 경험하지 않았습니까?

80년에 일 주일에 몇 번씩은, 일본은 어떻게 하고 있는가 하는 질문을 받았는데, 90년대에 들어 장기 불황이 되니까 일본에 대한 질문은 거의 없어질 정도였습니다. 그러나 나는 일본에 버블이 왜 생겼고, 일본이 어떤 점에서 실패하였는가를 분석해 보고 이를 타산지석으로 삼아야 한다고 생각했습니다.

90년대 중반 이후 일본이 무엇을 잘못했는가, 특히 금융 시장의 문제점이 무엇인가에 대해 반성하는 자료들이 많이 발표되었는데, 나는 이런 자료들을 읽고 우리 나라에 소개해 왔습니다. 이 과정에서 많은 공부를 할 수 있었습니다. 내가 지금 투자 교육 활동을 하고 있는데, 이 때 읽은 자료들이 많은 도움이 되고 있습니다.

Q : 일본의 버블 경제 형성과 붕괴 과정이 우리에게 던져 주는 시사점도 많을 것 같습니다. 거기에 대해 설명해 주시겠습니까?

A : 모든 사람들이 한 방향으로 몰려다니면 그런 문제가 생깁니다. 지금 우리 나라의 예를 들면, 부동산에 누가 이런 것으로 돈을 번다 하면 확 몰려드는데, 이런 현상은 일본과 한국이 비슷합니다. 두 나라 모두 단일 민족이기 때문에 일방향으로 가기 쉬운 게 아닌가 싶습니다.

다양한 사람이 모여 있으면 그렇게 한 방향으로 가지 않습니다.

일본이나 한국은 국토도 좁은 데다 단일 민족이어서 텔레비전에 어떤 뉴스가 한번 나오면 전국이 들썩거릴 정도로 한 쪽으로 치우치는 경향이 있습니다. 그런 것을 조심해야 한다고 생각합니다. 부동산 투자도 그렇고, 주식 투자도 마찬가지입니다. 우리는 너무 한 방향으로 가기 쉬운데, 그럴 때일수록 다양한 생각을 가진 사람의 의견이 많이 나와야 되겠습니다.

Q : 96년에는 대우증권의 리서치 센터 본부장, 98년부터는 현대투자신탁운영과 굿모닝투자신탁운용의 대표이사를 역임하셨습니다. 지금은 또 투자교육연구소 소장의 일을 하고 계시는데, 이렇게 되기까지에는 남다른 노력이 있으셨을 것 같습니다. 어떤 노력을 하셨습니까?

A : 내가 무슨 대단한 일을 했다고는 생각하지 않습니다만, 지나고 보니까 남이 안 하는 분야를 먼저 했던 것이 큰 도움이 되었다고 생각합니다. 그리고 직장인으로서 매사를 긍정적으로 생각하는 습관을 가지려고 노력한 것도 도움이 되었다고 생각합니다. 그렇게 하기가 쉽지 않겠지만, 사회적인 평판이나 이런 것보다는 자기가 좋아하는 일을 하는 것이 가장 중요하지 않나 생각합니다.

남이 안 하는 일 중에서 내가 좋아하는 일을 하다가 우연히 각광을 받게 되면 그것이 블루 오션이고, 각광을 못 받으면 내가 좋아하는 일을 했으니까 된 것 아닌가 하는 생각을 합니다.

나의 경우에는 운이 좋았던지 남들이 안 하는 일을 했는데, 우연히도 그 일이 각광을 받게 되어 반사 이익을 보지 않았나 하는 생각을 합니다. 또 한 가지 말씀드리고 싶은 것은, 재벌의 아들이거나 천재가 아닌 한 어느 하나를 얻기 위해서는 어느 하나를 희생해야 한다는 것입니다.

똑같은 월급쟁이로 시작하여 매일 똑같이 일하고 저녁 시간을 활용하여 자기 계발을 해야 되는데, 보통 사람이 자기 계발을 한다는 게 말처럼 쉽지 않습니다. 따라서 하지 않으면 환경을 만드는 것이 중요하다고 생각합니다.

예를 들어, 30대 후반에서 40대 중견 간부 시절에 누가 나한테 원고 청탁을 하지 않았는 데도 잡지사 같은 곳에 전화를 걸어서,

나에게 이런 자료가 있으니 원고를 쓰겠다고 자원을 했습니다. 이렇게 자원해 놓고 나면 순간 그 일이 나에게 의무가 되는 것입니다.

실제로 자원을 해놓고 막상 마감 시간이 가까워오면 '내가 미쳤다고 이런 약속을 했을까, 다음에 이런 약속을 하면 사람도 아니다' 하면서 후회를 했던 게 한두 번이 아닙니다. 한 달 전에 약속을 했을 경우, 하루에 30분 정도만 차곡차곡 써나가면 됩니다. 그런데 직장인이 그렇게 하기가 쉽습니까? 다른 일 때문에 계속 미루다가 마감일 며칠 남겨놓고서야 부랴부랴 밤을 새우잖아요.

그런데 힘든 밤샘을 거쳐 원고를 마쳤을 때의 성취감은 말로 표현하기가 어렵습니다. 원고 마치고 위스키 한잔 들이켜면 속이 싸해지는데, 그렇게 되면 절대 원고는 안 쓰겠다던 맹세는 잊고 또다시 다른 약속을 하게 됩니다.

일 년에 몇 번씩 이렇게 해서 몇 십 년 쌓아가다 보면 어떤 분야에서 어느 정도의 전문성을 갖게 되는 게 아닌가 하는 생각을 합니다. 그래서 나는 후배들에게 "스스로 기회를 만들어서 그 기회가 자신을 속박하게 하라"고 조언을 합니다.

보통의 샐러리 맨들이 그래도 남보다 조금이라도 더 자기 계발을 하기 위해서는 이 방법밖에 없지 않나 하는 생각이 듭니다. 물론 자기가 천재라면 조금씩만 해도 남 10시간 한 것보다 잘 할 수 있겠지만, 보통 사람은 그렇게 할 수 없지 않습니까? 천재도 아니고 재벌 아들도 아닌, 보통 사람들의 경우에는 이런 방법밖에 없다고 생각합니다.

Q : 99년, 바이코리아 열풍이 있었습니다. 그 당시 명과 암을 모두 체험하셨을 것 같습니다. 그 때 얻은 교훈이 있었을 것 같은데, 들려주실 수 있겠습니까?

A : 바이코리아 이전에 내가 대우증권 국제부에서 일할 당시, 외국의 기관 투자자들에게 우리 나라 주식 투자를 중개하는 일을 했습니다. 그 때는 주가 예측을 어떻게 해야 잘하는지, 어떤 종목을 사면 주가가 많이 오를지에 가장 큰 관심을 갖고 있었습니다.

그런데 98년 2월부터 현대투자신탁운용 대표를 맡게 되었습니다. 요즘 우리 나라에 유행하고 있는 펀드를 운용하는 회사입니다. 나는 펀드 비즈니스는 보통 사람들의 자산 운용을 도와주는 일이라고 생각했습니다.

현대투신이 운용하는 펀드 규모가 99년에 바이코리아 열풍이 불어 10조를 넘어서 20조 가까이까지 늘어났습니다. 내가 정말 뜨는구나 하는 생각이 들 정도였습니다. 그런데 그것이 주가가 급락하면서 투자자들에게 엄청난 피해를 준 것입니다. 단기 시황 전망에 의해서 충동적으로 투자를 한다는 것이 나중에 얼마나 많은 후유증을 낳는가 하는 사실을 깨닫게 된 것입니다.

나는 개인 투자자들이 단기 시황 전망이나 대박 종목을 쫓아다녀서는 투자에 성공할 수 없다는 생각을 했습니다. 보통 사람들은 자기 직업에 충실해야 하고, 원칙을 지키면서 장기 분산 투자를 하지 않으면 안 된다는 생각을 한 것입니다.

펀드 비즈니스가 잘 되려면 일단 투자자들의 의식 수준이 높아지지 않으면 안 되겠다는 생각을 하여 처음에는 펀드 마케팅 차원에서 투자 교육 활동을 시작했는데, 그것이 지금은 나의 본업이 되었습니다. 현대투신운용과 굿모닝투신운용의 사장직에서 물러나 어떤 일을 할까 생각하다가, 우리 나라에서 꼭 필요하고 또 내 적성에도 맞는 일이 투자 교육 활동이라는 생각을 하여 본업으로 이 일을 하게 된 것입니다.

Q : 투자 교육의 포인트는 무엇입니까?

A : 한 마디로 말하면 재테크보다는 자산 운용, 또는 자산 관리를 하도록 교육하는 것입니다.

언제부터인가 우리 사회에 재테크라는 말이 유행하고 있습니다. 재테크는 '돈 버는 기술'이란 뜻으로, 일본말이 수입되어 쓰여지고 있는 것 같습니다. 6개월 후에 돈 벌기 위해서, 1년 후에 돈 벌기 위해서 어떻게 해야 하는가 하는 뜻이 담겨져 있지 않나 생각됩니다.

그러나 나는 이런 단기적인 관점의 재테크라는 말보다는, 장기적인 관점에서 생각하는 '자산 운용'이나 '자산 관리'라는 말을 썼으면 하는 생각입니다. 자산 운용·자산 관리 또한 그 자체만을 독립적으로 생각해서는 안 되고, 자신의 생애 설계(Life planning)에 맞는 자산 운용·자산 관리를 해야 한다고 생각합니다.

따라서 나는 자산 운용·자산 관리에 대한 강의를 할 때는 언제나 생애 설계에 대한 설명부터 먼저합니다.

생애 설계를 할 때 가장 먼저 생각해야 할 것은 '오래 사는 위험'입니다. 지금과 같이 90세, 100세까지 수명이 늘어난 시대에는, 퇴직 후의 인생이 결코 짧지 않다는 것입니다. 그러므로 퇴직 후에 무슨 일을 하면서 살아갈 것인가를 준비하는 것이 단순한 재테크보다 훨씬 더 중요합니다.

퇴직 후에 모자라는 생활비를 벌기 위해서도 그렇고, 현역 시절 못지않게 긴 후반 인생을 보람있게 보내기 위해서라도 자신에게 맞는 일을 할 수 있도록 준비를 해야 합니다. 가장 확실한 노후 대비는 평생 현역이라는 마음가짐이 중요한 것입니다.

20~30대의 젊은 세대가 이 글을 읽으면 젊은 나이에 벌써부터

무슨 노후 대비냐고 할 것입니다.

그러나 노후 대비는 어느 날 갑자기 되는 게 아닙니다. 젊은 시절부터 의식적으로 준비를 해나가지 않으면 안 됩니다. 따라서 선진국에서는 "왜 투자를 하느냐?" 는 질문의 앙케트 조사를 해 보면 젊은 세대까지도 대부분이 '노후 대비' 라고 대답한다고 합니다. 우리보다 일찍 경험을 했기 때문일 것입니다.

노후에 대비하여 자산 운용을 할 경우, 부동산이냐 주식이냐를 생각하기 쉬운데, 그보다 먼저 해야 할 일은 현재 자기 집의 재산 상태를 파악해 보는 것입니다. 우리 나라의 가정은 너무 무리하게 차입을 하여 내 집을 마련한 관계로 위험한 자산 구조를 갖고 있거나, 어느 정도 자산이 있는 가정이라도, 부동산에 편중된 자산 구조를 갖고 있는 경우가 대부분입니다.

그 어느 쪽이든, 부동산 가격 전망으로 보나 자산 배분의 원칙에서 볼 때, 상당한 위험성을 내포하고 있다고 보아야 할 것입니다. 따라서 부동산과 금융 자산의 적정 비율을 정하고, 그 비율이 될 때까지는 금융 자산의 비중을 높여가지 않으면 안 됩니다. 그런데 지금과 같은 저금리 시대에는, 예금과 같이, 운용의 결과를 금융 기관이 책임져 주는 저축 상품에 운용해서는 재산을 불려가기가 쉽지 않습니다.

투자 상품하면 대부분의 투자자들은 주식 투자를 생각합니다. 그러나 자기 직업을 가진 일반 투자자들이 주식 개별 종목에 직접 투자하는 것은 바람직하지 않습니다. 일반 투자자가 주가를 예측하고 종목을 고른다는 것이 말처럼 쉽지도 않거니와, 자신의 직업에 충실하기 위해서라도, 전문가가 대신 운용을 해 주는 펀드에 투자하는 것이 바람직합니다. 특히 젊은 직장인들의 경우에는 '가장 큰 투자 엔진은 자신의 직업' 이라는 점을 명심하지 않으면 안 됩니다.

Q : 말씀 중에 '오래 사는 위험' 이라는 말씀을 하셨습니다. 오래 사는 게 어떻게 위험합니까?

A : '오래 사는 위험'이라는 말을 나는 4년 전에 처음 보았습니다. 4년 전에 한 투신 운용사의 대표로 일하고 있을 때의 일입니다. 당시 우리 회사의 고문이던 티모시 메카시 씨가 일본인을 대상으로 쓴 책 한 권을 나에게 주었습니다. 《일본인이여, 돈에 눈을 떠라》는 제목의 책이었습니다.

무슨 내용을 썼을까? 하고 목차를 훑어보니 세 번째 줄에 '장생(長生)의 리스크' 라는 말이 있는 것입니다. 장생의 리스크? 오래 사는 게 위험하다고? 인류의 간절한 소망 가운데 하나가 오래 사는 것인데, 오래 사는 게 위험하다니? 이런 생각을 하면서 그 페이지를 찾아가 보았습니다.

그런데 그곳에 '우리가 병이 들거나 교통 사고로 평균 수명보다 일찍 죽을지도 모르는 위험에 대비해서 생명보험에 가입하는 것처럼, 오래 사는 위험에 대비하기 위해서 투자를 해야 한다', 이렇게 씌어 있는 것입니다. 그리고 두 줄쯤 내려가서는, '우리가 70세쯤에 세상을 떠날 것으로 생각하고 있는 돈을 다 써 버렸는데, 백 살까지 살면 얼마나 위험한가?', 이렇게 씌어 있는 것입니다.

이 말에 쇼크를 받은 나는 한 경제 신문에 〈장생(長生)의 리스크〉라는 제목으로 기고를 했습니다, 그러나 당시에는 독자들이 읽었는지, 안 읽었는지 별로 반응이 없었습니다.

그러던 것이 최근에는 어떻습니까? 거의 매일이라고 할 정도로 신문이나 TV에서 '노후가 불안하다, 노후에 대비하라' 는 등의 내용을 다루고 있습니다. 이제는 '오래 사는 위험'이라는 말이 유행어가 될 정도가 되었고, 심지어는 오래 사는 게 재앙이라는 말을 하는 사람이 있을 정도로 우리 사회가 바뀌어 가고 있는 것입니다.

얼마 전에는 한 저녁 식사 자리에서 회사를 명예 퇴직하고 쉬고 있는 필자의 친구가, "야, 나는 그 동안 모은 돈과 명예 퇴직금을 합해서 몇 억 원 재산이 있기는 있는데, 무서워서 돈을 못 쓰겠단 말이야" 이렇게 말하는 것입니다. "뭐가 무서운데?" 하고 물었습니다. 그랬더니 "몇 살에 세상을 뜰지 모르니까, 세상을 뜰 날만 확정되어 있으면 그날로부터 역산해서 쓰고 갔으면 좋겠는데, 돈 다 써버렸는데 백 살까지 살면 어떻게 하느냐 이거지." 이렇게 말하는 것입니다.

오래 사는 위험, 이것은 미국·일본 사람들만의 이야기가 아니고, 바로 우리들 자신의 이야기라는 것입니다.

오래 사는 위험을 우리보다 빨리 깨닫게 된 선진국에서는 "왜 투자를 하는가?"라는 질문에 대해 대부분의 투자자들이 "노후 대비를 위해서", "오래 사는 위험에 대비해서"라고 대답을 한다고 합니다. 노인 세대들만 그렇게 대답하는 게 아니고, 학교를 갓 졸업하고 이제 막 직장 생활을 시작한 젊은 세대들 중에서도 이렇게 대답하는 투자자들이 많다는 것입니다.

지금 우리 나라의 투자자들은 대상으로 이런 질문을 한다면 어떤 대답이 많이 나오겠습니까? 아마도 대부분의 투자자들이 "왜 투자를 하느냐고요? 그걸 질문이라고 하십니까? 돈 벌기 위해서 하지요"라고 대답을 하지 않을까 생각합니다.

그러나 그렇지 않습니다. 지금과 같은 저금리·고령화 시대를 맞아 이제 우리 나라의 투자자들도 6개월 후, 1년 후에 돈 벌기 위해서가 아니라 노후 대비를 위해 투자를 한다는 식으로 인식을 바꾸지 않으면 안 될 것입니다.

Q : '가장 확실한 노후 대비는 평생 현역'이라는 말씀은
또 어떤 뜻입니까?

A : "제가 머지않아 정년 퇴직을 하게 되는데요, 그 동안
아이들 교육시키고 생활비 쓰다 보니 저축해 둔 돈이 몇
천만 원밖에 안 됩니다. 이 돈을 어떻게 운용해야 노후 대비 자
금을 마련할 수 있을까요?"

최근에 정년을 앞둔 투자자로부터 받은 질문입니다. 정확한 비
율은 알 수 없지만, 우리 나라 직장인들의 절반 이상은 이런 입
장이 아닐까 생각됩니다. 그러나 몇 천만 원을 어떻게 운용해서
정년 후 20~30년 동안에 쓸 생활비를 마련할 수 있겠습니까? 불
가능에 가깝다고 보아야 할 것입니다.

사정은 이런데 언론에서는 '노후가 편하려면 최소한 몇 억 원
이상의 자금이 있어야 한다'는 식의 자료를 발표합니다. 미리미리
준비하라는 뜻이겠지만, 모아둔 자금이 크게 모자라는 사람에게
이런 식의 조언이 무슨 의미가 있겠습니까? 오히려 초초감만 더
하게 할 뿐입니다.

이 때문에 이렇게 초초해 있는 사람들을 대상으로 온갖 사기
사건이 횡행하고 있습니다. 서점에 가보면 문자 그대로 재테크
광풍입니다. 예를 들면, 재산을 두 배로 불리는 법 등. 그러나 책
한 권 읽고 재산을 두 배로 늘릴 수 있다면 그 인생이 얼마나 간

단하겠습니까. 그런 방법은 없다고 보아야 할 것입니다.

젊은 시절에 열심히 일하고 살아왔음에도 불구하고 노후 생활비가 모자라는 사례는 미국이나 일본과 같은 선진국 사람들의 경우에도 많이 있습니다. 그렇다면 그들은 노후 생활비를 어떻게 조달하겠습니까? 대부분은 정년 후에도 재취업을 하여 충당하는 것을 당연하게 생각하고 있습니다.

그런데 우리 나라의 경우에는 일을 하고 싶어도 일자리가 있느냐가 문제입니다. 가끔 퇴직한 사람들 앞에서 오래까지 일을 해야 한다는 이야기를 하면, "야 이 친구야, 일거리만 줘봐. 누가 일을 안 하나?" 라고 말하고 싶은 듯한 표정을 짓는 사람들이 많습니다. 물론 요즘 같은 시대에 노후의 일자리를 구하기가 말처럼 쉽지 않습니다.

1975년 초년병 시절에 일본 동경증권거래소에 파견되어 업무 연수를 받은 적이 있었다고 앞에서 말했습니다. 당시의 일본은 전체 인구 중에서 차지하는 65세 이상의 노인 인구 비중이 현재의 우리 나라와 비슷한 9퍼센트 정도일 때였습니다.

그런데 견학 코스 중에 주식과 채권을 보관하는 창고 안을 들어가 보고 깜짝 놀랐습니다. 70세쯤 되어 보이는 할아버지 수십 명이 둘러앉아서 주식을 세고 있었습니다. 젊었을 때는 다들 한 자리씩 했던 분들이라는데, 당시 일본 돈으로 시간당 500엔(약 5,000원)의 아르바이트 수당을 받으며 일한다는 것입니다.

그뿐만이 아닙니다. 내가 머물던 숙소가 비즈니스호텔이었는데, 프런트 데스크 근무자가 오후 5시까지는 젊은 아가씨들이지만 5시 넘어서는 나이 든 할아버지들로 교대되었습니다.

32년 전에 그 광경을 목격하면서 내가 생각한 것은, '나이 들어서 일을 하려면 화려하고 권한 있는 일은 젊은이들에게 양보하고, 어떻게 보면 시시한 일이라고 여겨질지도 모르는 저런 일들을 해야 하는구나' 하는 것이었습니다.

우리 나라의 경우에는 나이 든 사람이 일을 하고 싶은데 자기 부인이 창피하게 생각할까 봐 못 하겠다는 남성들이 의외로 많습니다. 또한 해외로 이민을 떠나는 사람들도 많습니다. 이민 가서 하겠다는 일의 내용을 들어보면 우리 나라에서도 할 수 있는 일인 경우가 많은데도 왜 이민을 가려고 하겠습니까. 아마도 그곳에서는 보는 사람이 없기 때문이 아닐까 하는 생각이 듭니다. 체면을 차릴 필요가 없기 때문입니다.

나이 들어 일을 하는 데 또 하나 중요한 것 중 하나는 자기만의 주특기를 갖는 것입니다. 가끔 재취업을 알선해야 할 기회가 있어서 거들다 보면, "그 사람 주특기가 뭐예요?" 라는 질문을 자주 받습니다. 그런데 일류 학교를 나와 능력 있는 사원인데도 이 부서, 저 부서 거치다 보니 마땅히 내세울 만한 주특기를 갖지 못한 사람이 많습니다. 그런데도 회사 측에서는 '인사부에서 노조 담당 10년 이상 경험한 사람'을 구해 달라는 식으로 나옵니다. 따라서 본인 스스로 젊은 시절부터 어느 분야에서는 가장 전문가라는 말을 들을 수 있도록 노력하지 않으면 안 되는 것입니다.

Q : 투자하면 많은 사람들이 부동산 투자나 주식 투자를 생각하는데, 소장님은 가장 큰 투자 엔진은 자신의 직업이라는 말씀을 하셨지 않습니까? 그 의미를 좀더 자세히 말씀해 주실까요?

A : 인생을 살아가면서 가장 효율성 있게 재산을 늘일 수 있는 방법은 무엇이겠습니까? 누구나 한 번씩은 생각해 보는 질문입니다. 주식을 사고 파는 것? 투자 신탁? 선물·옵션? 대부분의 경우에는 이들 투자 상품을 떠올립니다.

과연 그렇습니까? 그렇지는 않습니다. 개인 투자자에게 가장 유력한 수입원은 자신이 하고 있는 일에서 벌어들이는 수입(월급 또는 사업 소득)입니다. 즉, 한 사람의 인생에서 가장 큰 투자 엔진은 자신의 본업으로부터 얻는 수입이라는 얘기입니다.

개인 투자자는 투자 포트폴리오를 짤 때 자신의 본업에서 얻는 수입을 가장 중심에 놓고 생각하지 않으면 안 됩니다. 냉정히 샐러리 맨의 경우를 생각해 보면 근무하는 직장으로부터 매월

일정액씩의 급여와 6개월 또는 1년에 한 번씩 보너스를 받습니다. 다시 말하면 샐러리 맨이 회사에서 하고 있는 일은 그만큼의 수입을 발생시키는 금융 자산이라고도 할 수 있는 것입니다.

따라서 포트폴리오에서 얻는 수입을 가장 크게 하기 위해서는 자기가 맡은 일에서 성공을 거두는 것이 무엇보다도 중요합니다. 자신의 직업으로부터 얻는 소득을 높이려는 노력을 게을리하면서 주식 투자에 열중하는 방식으로는 결코 성공할 수 없다는 것입니다.

특히 젊은 세대의 경우에는 협의의 자산 형성을 위한 투자뿐 아니라, 자기 자신의 가능성에 투자하는 광의의 투자까지도 고려하지 않으면 안 됩니다. 이제 막 직장 생활을 시작한 젊은 세대의 경우에는 장래의 수익을 창출하는 자본으로서의 자기 자신을 연마하는 데 더 많은 돈과 시간을 투자하는 것이 합리적일 수도 있습니다.

주식 투자에 열중하는 것보다는 자신의 비즈니스와 관련된 공부를 하는 것이 장래에 더 큰 수익으로 돌아오고, 적립식 투자에 돈을 넣는 것보다도 영어 회화 학원을 다니는 것이 장래에 더 큰 수입 증대와 기회 증대로 연결될 수도 있다는 것입니다.

다시 말하면 돈을 버는 능력을 지닌 자기 자신도 운용 자산의 일부라는 생각을 가져야 한다는 것입니다. 이것을 인적 자본이라고 합니다. 예를 들어, 젊은 세대가 금융 자산에 투자할 경우, 주식이나 주식형 펀드와 같이 투자 위험도가 높은 자산의 비율을 높게 하는 것은 인적 자본보다 높은 수익률을 낼 만한 금융 자산이 상대적으로 적기 때문입니다. 반면에, 노년층으로 갈수록 인적 자본은 축소되어 갑니다. 그러므로 자신의 경제력 전체에 미치는 영향은 상대적으로 자신이 돈을 벌 수 있는 능력, 즉 인적 자본에서 협의의 운용 자산 쪽으로 옮겨가게 되는 것입니다.

개인 투자자들은 스스로에게 질문을 해 볼 필요가 있습니다. 나는 지금 내가 다니고 있는 회사를 그만두더라도 곧바로 같은 직업을 찾아 현재 수준 못지않은 월급을 받을 수 있는가? 이 질문에 대해 자신 있게 "그렇다" 라고 대답할 수 있는 사람이라면 그 사람은 성공하는 개인 투자자가 될 수 있는 충분한 자질을 갖고 있다고 할 수 있습니다.

그러나 만약 앞의 질문에 대해 "자신이 없다" 또는 "잘 모르겠다" 라고밖에 대답할 수 없거나, '언제 직장에서 해고를 당할지 모르기 때문에 자산 운용을 해서 재산을 늘려 놓아야 한다'고 생각하는 사람이라면 그 사람은 투자에 성공할 확률보다 실패할 확률이 훨씬 높습니다. 그런 사람은 보다 더 자신(인적 자본)에 대한 투자를 열심히 하여 자기 일에서 일류가 되겠다는 노력을 하지 않으면 안 됩니다. 만약 현재 맡은 일이 적성에 맞지 않거나 자신 있는 일이 아니라면 회사에 부탁하여 업무를 바꾸든지, 아니면 전직까지도 심각하게 생각해 보아야 할 것입니다.

　자신의 능력을 키워서 보다 많은 연봉을 받을 수 있도록 끊임없이 자신에게 투자를 하는 것, 바로 그것이 개인 투자자에게는 투자의 왕도입니다. 개인 투자자의 가장 큰 재산은, "나는 현재 하고 있는 일에서 얻는 수입으로 충분히 생활을 해나갈 수 있다"는 자신감이라는 점을 명심해야 할 필요가 있는 것입니다.

Q : 강창희 소장님의 향후 후진들을 위한 활동과 개인적인 비전을 듣는 것으로 마무리를 짓겠습니다.

A : 나는 금년에 60세인데, 늦게까지 투자 교육 활동을 할 수 있다는 것에 감사하게 생각하고 있습니다.

　보통의 투자자들에게 투자 교육을 하는 것, 그리고 해외의 투자와 관련된 노하우를 국내에 소개하는 것이 나의 일이라고 생각하고 내 체력이 허락하는 한 해나가는 게 나의 목표입니다.

　현재는 비교적 체력이 뒷받침해 주고 있기 때문에 1년에 3백 번 정도씩 강의를 하고 있습니다만, 나이가 들면서 점점 줄어들겠지요. 나중에는 1주일에 한 번 정도로 줄어들 수도 있을 것입니다. 그렇지만 어쨌든 나는 평생 현역이라는 마음가짐으로 일을 할 생각입니다.

　그리고 무엇보다도 나는 일본 문헌을 읽을 수 있는 것을 감사

하게 생각하고 있습니다. 일본 문헌 중에는 미국의 사례를 일본
과 비교해서 소개한 것이 많습니다. 미국 자료를 그냥 갖다 소개
하는 것보다, 일본 사람들이 고생해서 미국 것을 일본과 비교하
여 소개한 것을 읽으면 이해하기가 아주 쉽습니다.

그런 것들을 국내에 소개하는 것은 나이가 70이 되어서도 할
수 있을 것이라고 생각합니다. 나는 적어도 나이 80세까지는 아
침에 집을 나서서 출근을 하는 것이 비전이자 목표입니다.

낸시랭

팝
아
트

| 낸시랭 |

· 홍익대학교 미대 서양학과를 졸업하고, 동 대학교 대학원에서 석사 학위를 취
  득하다.

· 베니스 비엔날레에 초대받지 않은 손님으로 찾아가 파격적인 퍼포먼스를 연출
  해 세계 미술계를 깜짝 놀라게 했다. 덕원미술관을 비롯해, 관훈 갤러리·갤러
  리 드맹·갤러리 쌈지 등에서 개인전을 가졌으며, 광주 비엔날레와 서울파인아
  트페스티벌 등에서 퍼포먼스 작품을 선보였다. 또한 (주)쌈지의 아트디렉트를
  맡았다.

· KBS '이금희의 파워 인터뷰'와 온스타일 '싱글즈 인 서울 3 — 콘트라 섹슈얼'에
  출연했으며, Mnet에서 '트렌드 리포트 必'을 진행했다. 뿐만 아니라, 설치 미술·
  패션 모델·광고 모델·방송 진행 등으로 왕성한 활동을 펼치고 있다.

· 저서로는 《아티스트 랜시랭의 비키니 입은 현대 미술》이 있다.

| 낸시랭/팝 아트 |

Q : 미술 중에서도 팝 아트에 대해서 간단히 설명해 주시
겠습니까?

A : 팝 아트(pop art)는 파퓰러 아트(popular art)입니다. 즉,
사람들이 좋아하고 대부분에게 인기가 있는 아트라 할
수 있어요. 팝 아트는 자본주의 사회에서 기계 문명과 함께 이미
만들어진 공산품이나 상업 광고와 같이 우리가 쉽게 인식하고
있는 모든 것들을 응용하거나 사용해서, 자신이 말하고자 하는
바를 작품을 통하여 비판하거나 찬양하는 등 위트 있게 표현하
는 현대 미술 중 한 장르라고 생각합니다.

Q : 타 마르드 램피카와 비교됩니다. 미모에 자유로운 생
활, 상업과 미술의 접목 등 그 시대의 이슈 메이커가 되
었는데, 공통점이 많은 것 같습니다. 그런데 좋아하시는 아티스
트는 다르다고 들었습니다. 어떻습니까?

A : 피카소를 비롯해 달리와 앤디워홀을 좋아합니다. 이들
의 가장 큰 공통점은 상상력입니다. 그래서 제 홍대 대
학원 시절 석사 논문도 〈생태의 발현을 통한 상상력의 표현에 관
한 연구〉였어요! 이들의 가장 큰 공통점 또 하나는 오래 살았습
니다. 그리고 당대에 너무나 많은 논란과 욕도 들었지만, 수많은
다작과 기발한 아이디어, 그리고 쇼맨십도 컸었고, 미술계통의
사람들뿐만이 아니라, 다양한 분야의 사람들과도 잘 어울렸습니
다. 그래서 시기와 부러움, 질투가 많았었죠.

오히려 달리는 자신을 천재라고 할 정도였습니다. 그리고 하고
싶은 것을 마음껏 펼쳤습니다. 중요한 것은 세상에 너무나 많은
유명한 아티스트들이 현존했지만, 이 세 인물은 그 중 가장 유니
크했던 아티스트로서 당대 큰 획을 그었던 사람들입니다.

Q : 인지도는 있지만 철학과 내용 컨텐츠가 부족하다고 하
는 견해가 있습니다. 이 점에 대해 설명해 주시겠습니까?

A : 제 작품에 있어서, 저의 철학과 작품 내용들은 다른 작가들이 말하듯 저 역시 갖추고 있습니다. 모든 아티스트들은 각자의 고유의 '언어'와 '채널'로써 자신이 말하고자 하는 바를 작품을 통해 표현합니다. 저 또한 자유롭게 제가 상상하고 하고 싶은 모든 것을 아트를 통하여 표현하고 발산합니다.

낸시랭닷컴은 저의 포트폴리오와도 같아서 방문하시면 낸시랭의 전반적인 모든 장르마다의 작품과 내용을 즐기실 수 있습니다.

저는 대학원 때부터 첫 개인전을 시작해 현재까지 매년 개인전을 해오고 있고, 또한 수많은 국내외 기획전들에도 참가하고 있습니다. 미술계에 데뷔한 지 이제 공식적으로 4년이 되어 가는데요. 이러한 영 아티스트의 길을 급하게 수박 겉핥기 식이 아닌, 지속적인 관심으로 낸시랭이라는 아티스트가 어떻게 성장해 나아가는지 응원하고 지켜봐 주세요.

Q : 인터넷에 유난히 쟁점이 되는 분 중의 하나이십니다. 어떻게 생각하십니까?

A : 신경을 쓸 틈이 없습니다. 왜냐 하면 저는 저의 꿈을 향해 나가는 것에 너무나 두근거리고 신나며 바쁘기 때문이에요. 대체적으로 제 작품에 대한 심도 있는 비판이 아닌,

제 개인 활동 방향에 대한 비난이 대부분입니다. 그래서 한 귀로 흘러보내죠.

그러나 주위에서 진실로 사랑하고 아끼는 마음에서 하시는 비판들은 저의 발전을 위해 마음에 새겨둡니다. 쓸데없는 비난은 머릿속에 넣고 있을 만큼의 시간적 여유는 제게 없습니다.

Q : 성격이 시원하십니다. 천성이십니까?

A : 네, 원래 유치원 때부터 많이 웃고 사교적인 명랑한 아이였어요. 무남독녀 외동딸로 태어나 부유한 집안에서 사랑을 독차지하며, 항상 밝고 좋은 것만 보니 구김살이 없었던 것 같습니다.

Q : 본격적인 유명세는 베니스 비엔날레입니다. 그 당시에 있었던 일들을 말씀해 주시겠습니까?

A : 유복하게 잘살아 왔던 제가 대학교 말부터 갑자기 집이 망하게 되면서 현실에 갭(gap)이 커졌습니다. 특히 대

학원을 다니면서 학비를 낼 수 없었던 때와 이사를 갈 수밖에 없었던 일이 현실로 다가오던 고통과 시련, 그 와중에 미술의 길을 걷는다는 것은 어찌 보면 제겐 사실 사치였었습니다. 오히려 직장을 다니며 돈을 벌어야 하는 것이 제게 닥친 현실이었죠.

미술을 계속하려 해도 수입원이 없었기 때문에 아트에 대한 열망과 그 괴리, 어머니의 여러 차례 암 수술과, 이어지는 약물과 주사 치료로 인해 나에게는 비상구가 필요했습니다. 지옥 같은 나날들이었지만, 한편으로는 약 1년 동안 베니스 비엔날레를 향한 퍼포먼스 프로젝트를 준비하여 베니스행 비행기에 몸을 실었습니다. 베니스 비엔날레는 아티스트를 꿈꾸는 사람이라면 꼭 거쳐가고 싶은 무대 중 하나입니다.

마침 2003년의 주제가 〈꿈과 갈등(Dreams and Conflict)〉이었으므로 저와 그 의미를 함께 하게 되었습니다. 초대받지 못한 상태에서 현실에 대한 고통, 아티스트에 대한 열망이 섞여 자석에 끌려가듯 준비해서 가게 됐었죠. 그런데 베니스뿐만 아니라, 뉴욕 맨해튼에서 먼저 퍼포먼스 리허설 과정을 통한 후, 베니스까지의 프로젝트를 마치고 서울로 돌아왔습니다.

Q : 전시회뿐만 아니라, 2003년 워너 뮤직에서 의뢰가 들어와 '린킨 파크' 공동 작업, 2005년 유명 명품업체의 의뢰

로 국내 아티스트로는 처음으로 비디오 영상 작품, 또 이례적으로 일간지의 한 면을 스타들에 대한 패션 칼럼, 라디오, CF 등 전방위로 영역을 확대하셨습니다. 어떤 계기가 있었습니까?

A : 그 모든 것이 낸시랭의 작품 세계입니다. 옛날 앤디워홀이 자기 작업실을 펙토리(factory)라고 했습니다. 그 때도 그는 욕을 많이 들었습니다. 새로운 획을 그은 큐비즘과 추상화의 피카소도 마찬가지입니다. 〈아비뇽의 처녀들〉 작품을 선보였을 때는 심지어 가장 친한 동료들마저 이해하지 못했습니다.

아티스트는 새로운 것을 창조해야 합니다. 자기가 말하고 싶은 것을 아트를 통해 각자의 코드와 언어로 표현해야 합니다. 매체와 미디어들이 기존 캔버스 조각 장르 외에 다른 것들을 시작해 새로운 아트, 즉 뭔가 새로운 것을 하고 싶은 것은 모두 욕망의 한 부분이지 않습니까?

사실상 그 동안 미술계에 수많은 천재들이 존재했고, 이제 온전히 새로운 것은 더 이상 나올 수 없을 것만 같습니다. 순수 창작물이 나오기가 더 이상은 힘들다는 의미입니다. 지금 저의 영역 활동의 확장이 비즈니스라고 하는데, 나중에 시간이 많이 흐른 후에 보면 그 모든 것들이 아티스트 낸시랭의 작업이자 작품임을 인식할 날이 올 것이라 생각합니다.

Q : 미술계에서 낸시랭에 대한 논란이 많습니다. 그런 문제들을 어떻게 보시고 해결하실 것입니까?

A : 미술계는 오랜 동안 깊은 침체기에 머물러 있었습니다. 아무도 조명을 원치 않고 단지 그들만의 잔치였었죠. 그렇기 때문에 미디어와도 또한 대중들과도 소통이 힘든 머나먼 세계로 인식됐었죠. 하지만 낸시랭이란 젊은 아티스트가 등장해 대중과 활발한 소통 및 교제를 미디어를 통해 하게 되니 신선하면서도 당황스러웠던 것 같습니다.

아카데믹한 정석적인 미술관, 갤러리에서의 많은 전시 활동뿐 아니라, 다양한 분야를 넘나들며 저만의 작품 세계를 펼쳐 나아가고, 이에 기업들과 언론 매체, 대중과 미디어가 저를 환호하는 것은 그들이 보기에 좋을 수도 있고 나쁠 수도 있습니다. 하지만 여기서 가장 중요한 것은 낸시랭 자신이고, 저의 꿈이며, 저의 상상력입니다.

Q : 싫어한다는 것도 다른 말로 시기와 질투의 시선이 아니겠습니까? 어떻게 생각하십니까?

A : 신경을 안 씁니다. 말씀하신 대로 시기와 질투로 생각
합니다.

Q : 작품 활동을 통해 보람을 느끼신 적도 있으실 것 같
습니다. 그런 경우는 언제이십니까?

A : 제게 이메일을 보낸, 자살하려고 했던 여학생이 저의
이메일 답장을 통해 그만두었을 때, 잘 나가는 사업가분
이 예전의 자기를 보는 것 같다며 모든 것을 갖췄지만 열정이 없
다는 허무한 심정을 통해 다시 열정을 주었을 때입니다.

또 저보다 일찍 결혼한 4~5살 위의 아줌마들이 '예전에는 잘
나갔지만, 지금은 어쩌다 보니 꿈을 잃었는데, 다시 낸시랭을 통
해 꿈을 생각해 보았다'라는 이메일들. 이러한 현상들은 제 작품
활동을 통한 긍정적인 영향이라 생각하며, 저를 통해 하나님께
서 어떻게 사용하시는지 깨닫게 되는 시간들이었습니다. 저에게
는 기쁨이고 또 하나의 보람입니다.

Q : 작품 활동보다 '낸시랭 현상'이라고, 낸시랭 자체가 이
슈입니다. 이에 대한 견해는 어떻습니까?

A : 저는 모든 게 감사하고 기쁩니다.

Q : 젊은이들에게 들려주시고 싶은 얘기가 있을 것 같은데,
해 주시겠습니까?

A : 항상 부지런해야 된다고 생각해요. 그래서 자기 계발과
자기 투자에 대한 깊은 고민을 해 보시기를 희망합니다.
건강한 신체를 갖고 태어난 사람은 무한한 가능성이 있습니다.
그것만으로도 너무나 감사한 일이지요. 물론 그렇지 않은 분들
도 하나님의 원대한 뜻이 있고 그에 관한 놀라운 계획이 함께 합
니다.

'하늘은 스스로 돕는 자를 돕는다'라는 속담이 있듯이, 꿈을
가지고 그것을 향하여 날아오르시길 바랍니다.

Q : 앞으로 꿈을 듣는 것으로 마무리를 짓겠습니다. 인터
뷰에 응해 주셔서 감사합니다.

A : 저의 꿈은 수많은 사람들에게 긍정적인 영향을 끼치는
세계적인 아티스트가 되는 것입니다. 또한 그것이 제가
살아가는 참된 삶의 목표이자 곧 꿈입니다.

크라잉넛

인 디 음 악 가

- 동네 친구들 7명이 모여 크라잉넛을 결성하다.
- 1995년 7월 클럽 드럭이 오디션에 합격하고, 다음날에 박윤식(g, vo)·이상면(g)·한경록(b)·이상혁(d)이 라인업으로 클럽 드럭 공연 시작, 이듬해 5월 '스트리트펑크 쇼'로 최초 외부 공연을 시작했다. 이후 인디락 페스티발 '소란'을 서울대·건국대·경희대에서 했던 공연을 기점으로 클럽 드럭 공연과 각종 인디락 페스티벌, 그리고 대학 및 고등학교 축제 등에서 게스트로 전국을 무대 삼아 활동을 벌였다. 또 2007년 '세계 결핵의 날' 홍보대사로 위촉받았다.
- 텔레비전에서 〈말 달리자〉란 노래로 널리 알려짐과 동시에 인디신에서 메인으로 나간 선구자 역할을 하였고, 크라잉넛 1집이 10만 장 이상 팔리는 위력을 과시했다.
- 앨범으로, 정규 앨범은 제1집에서 제5집까지 있으며, 스플렛 앨범은 〈Our Nation I(with 옐로 키친)〉이 있고, 라이브 앨범은 〈와일드와일드 라이브〉가 있다.

| 크라잉넛/인디 음악가 |

Q : 크라잉넛 앨범이 최초의 인디 앨범이라고 들었습니다. 어떻습니까?

A : 그 당시 언더그라운드에 있으면서 한계를 체감하고 스트리트·펑크 등 행사를 기획하며, 인디에 머무르지 않고 밖으로 나와 활동을 했습니다. 뿐만 아니라 옐로 치킨과 함께 아워 네이션이라는 한국에서 최초로 기념비적인 인디 앨범을 냈습니다. 사실 그 당시 큰 회사에서 우리 앨범을 봐주지 않으니 음반은 있지만 판매할 수 있는 유통 과정을 모르는 상태였습니다. 그래서 우리 스스로가 공연 다니며 앨범을 팔았습니다.

Q : 〈말 달리자〉란 노래로 사람들에게 유명해졌습니다. 어떤 이유나 계기가 있었습니까?

A : 알려지게 된 계기는 TV에서 〈말 달리자〉란 노래 때문이었습니다. 사람들이 말 달리자고 하면 기성 세대 분들도 아시겠지만, 크라잉넛 하면 아직 모릅니다. 아쉽기는 하지만 감사하게 생각하고, 그 노래 덕분에 인디 신에서 메인으로 나간 선구자가 되었으며, 크라잉넛 1집이 10만 장 팔렸습니다. 그 당시에는 김건모 씨가 앨범 200만 장이 팔릴 정도로 음반 시장의 경기가 좋았습니다.

인디에서 10만 장은 메이저에서 100만장 팔릴 정도의 위력이었습니다. 우리도 10만 장이나 판매하리라고 생각하지 못했습니다. 이유를 분석하면, 외국에서 경제가 안 좋을 때 펑크가 태동했습니다. 우리 나라도 IMF 때 직장인들 스트레스의 화두를 읽어 잘 맞물려 들어간 것이었습니다. 결과적으로 운도 좋았고, 노래도 좋았다고 생각합니다.

Q : 교육에 대한 비판 의식이 강하다고 보여집니다. 그 점에 대해서 어떻게 생각하고 계십니까?

A : 대학이라는 학문 기관이 큰 학교이잖아요? 고등학교 때 수학과 물리학이 너무 좋아 전문적으로 배우고 싶어서 가는 사람은 좋습니다. 그런데 우리 나라의 대학들은 좋은 직장에 취업하기 위한 하나의 관문으로 가는 경향이 있습니다. 이제는 대학의 인식을 바꿔야 합니다. 고등학교에서 대학교 들어갈 때 적성을 우선시해 찾아가야 된다고 생각합니다.

Q : 1집 〈말 달리자〉, 2집 타이틀곡 〈서커스 매직 유랑단〉에서, 3집 〈밤이 깊었네〉로 넘어가면서 음악이 많이 변했다라는 말이 있습니다. 어떻게 설명해 주시겠습니까?

A : 사람은 변해야 합니다. 음악적으로도 변했습니다. 변했다고 하는 사람도 변했을 것입니다. 크라잉넛의 장점은 새로운 것을 받아들이는 데 두려움이 없습니다. 펑크라는 장르에 무조건 머물러야 된다는 그 자체가 펑크 아닌 것 같습니다. 변화와 변질은 다릅니다. 계속 똑같은 것만 하다 보면 창의성이 죽습니다. 앞으로도 우리 팀은 죽을 때까지 변화를 시도할 것입니다.

Q : 언더 문화가 컨텐츠는 우수하지만 마케팅은 그에 미치지 못한다는 지적이 있습니다. 이 점에 대해서는 어떻게 생각하시는지 말씀해 주시겠습니까?

A : 우리도 그렇게 생각합니다. 인디가 컨텐츠는 우수한데 기획이나 마케팅은 그 수준에 따라가지 못합니다. 아무래도 생긴 지 얼마 안 된 문화가 갑자기 바뀐다는 게 어렵지만, 긍정적으로 변화하고 있는 게 사실입니다.

Q : 크라잉넛을 비롯해 노브레인, 자우림, 넬 등 언더그라운드에서 메인스트림으로 진입하는 락 밴드들이 많아지고 있습니다. 이 현상은 어떻게 보십니까?

A : 언더에 있으면 금전적으로 힘듭니다. 보통 언더뮤지션들은 투잡이 기본입니다. 음악에 집중해 완성도를 높여야 되는데, 생활이 안 되다 보니 일을 해야 하기 때문에 딜레마가 생겨 그게 힘듭니다. 우리가 인디를 하면서 공연 기획, 뮤직비디오 등 투잡을 갖지 않고 살아남기 위해서 메인스트림으로 왔습니다. 그 과정이 자연스러운 것 같아요. 갑자기 기획에 의해서 밴드를 급조해 만들어 나오는 것은 안 좋지만, 자우림이나 노

브레인같이 힘든 음악을 하는 언더에서 자연스럽게 메인으로 올라오면 하나의 좋은 롤 모델이 되지 않습니까? 주류로 진입하는 팀이 많으면 많을수록 좋습니다.

Q : 2000년대 초반에 활발히 활동하다가, 현재 언더뮤지션은 많지만 주류로 올라온 밴드는 그리 많지 않습니다. 왜 그렇다고 생각하십니까?

A : 우리는 피눈물 나는 힘든 과정을 겪으면서 성장해 왔습니다. 그런데 요즘 밴드는 고생을 훈장처럼 달다가 끝내고 싶어하는 밴드도 있습니다. 밴드를 진득하게 했으면 좋겠는데, 보상을 받아야겠다라는 마음이 있어 후속이 안 나오는 것입니다.

Q : 음악을 하는 언더뮤지션에게도 문제 의식이 있어야겠지만, 반대로 음악을 듣는 대중들에게도 문제 요소가 있지 않겠습니까?

A : 요즘에는 음악을 듣는 사람들이 많이 사라지고, 오히려 음악을 하는 사람들이 부쩍 많이 늘어난 것 같습니다. 핸드폰으로 사람들이 음악을 편집해 자기 음악 만들어 어필한 시대가 왔기 때문이죠. 아무튼 음악하는 사람들이 대중들에게 떠넘길 수 없습니다. 대중들에게 웃음과 감동을 주는 것이 뮤지션의 길이라고 나는 생각합니다. 또한 음악을 하는 사람들은 폐쇄적인 음악이라 하더라도 홍보해야 됩니다. 그러므로 UCC로 대변되는 세상에 컨텐츠로 PR해야 합니다.

Q : 4집 발매를 하고 군입대를 하셨습니다. 군대 갈 때의 심정과 배운 것이 있었다면 무엇이 있었습니까?

A : 사실 군대를 누가 좋아서 가겠습니까? 주변에서 군 입대할 때 적응 잘 할까 걱정했는데, 우리는 영창 안 갔습니다. 군악대서 우리 팀의 음악이 스타일은 다르지만 제식 행사나 규율뿐만 아니라, 부대원들과 음악을 만들 때 하모니를 배웠습니다. 이만큼 놀고 싶으면 이만큼 해야 된다는 것을 알기에 참는 법도 많이 배웠습니다.

Q : 군 제대 후 5집 발매하시고 지금까지 활발하게 활동하십니다. 벌써 밴드가 10년이 되었습니다. 지금까지 팀을 유지할 수 있었던 자세가 궁금한데, 말씀해 주시겠습니까?

A : 크라잉넛 축구 스타일로 보면, 남미의 개인기가 화려한 사람들이 모인 것이 아니라, 군대 축구처럼 서로를 채워 주는 작용이 더 크다고 볼 수 있습니다. 적당히 잘 났으니까 서로 시너지 효과를 일으켜 극대화시키는 것입니다. 물론 초창기 때 어려웠는데, 사회 생활에 관한 게 정립이 안 되어도 마냥 음악하는 게 즐거웠습니다. 음악할 수 있다는 자체가 힘든 기간 잘 넘어간 것입니다. 힘든 시기를 거쳐 돈을 벌게 된 이후에는 문제가 생겨도 여유가 있기에 우리 팀에서 그 전과 마찬가지로 잘 해결됩니다.

Q : 평론가들이 크라잉넛의 앨범이 점차 발전되어 간다고 언급을 하고 있습니다. 여기에 대한 평은 어떻게 해석하고 있습니까?

A : 스스로 정화 작업을 합니다. 항상 좋은 음악을 할 수밖에 없는 환경을 만듭니다. 왜냐 하면 음반에 멤버들끼

리 내 노래 넣고 싶으니까 경쟁하고, 또 곡이 선택되어야 되기에 열심히 합니다. 아워네이션과 5집을 비교해 보면 알 수 있습니다. 그 비교는 우리가 확 발전했다는 것을 말하려는 게 아니라, 아워네이션 1집 2집 3집 4집 5집, 이렇게 앨범 한 장 한 장 발표할 때마다 조금씩 나아지는 것을 알 수 있다는 얘기입니다. 5집도 잘하는 것은 아니지만, 우리가 골인 지점에 다다를 때에는 잘 하지 않을까 생각합니다.

Q : 크라잉넛의 인터뷰는 판타지를 주는 뮤지션이기에 앞서 인간적인 느낌이 납니다. 비즈니스를 어떻게 하시는지 궁금한데, 말씀해 주시겠습니까?

A : 내가 제일 좋아하는 비즈니스는 인간적인 비즈니스입니다. 그래서 비슷합니다.

Q : 크라잉넛의 비전을 듣는 것으로 마무리하겠습니다. 부탁 드려도 되겠습니까?

A : 전략적으로 머리를 좋게 한 것이 하나 있습니다. 우리가 재미있고 좋아하는 것을 하며 돈을 벌자입니다. 그렇다면 자본주의라는 단어를 생각할 필요도 없는 것 같습니다. 물론 그 과정에서 치열하게 노력하고 경쟁도 많이 했습니다. 진짜로 좋아하는 것을 하기 위해서 다른 사람들에게 비굴해질 필요도 있는 것 같습니다.

그런데 그렇게 비굴했던 적은 아직 없습니다. 방송을 나가도 선이 있다면, 폼나게 가는 방송 출연은 거부감이 없지만, 우리가 생각한 그 선을 오버하면 방송에 나가지 않습니다. 방송·음반·공연 등은 물론이고, 우리 팀은 생이 다하는 날까지 음악을 할 것입니다.

interview 07   정다연

피
트
니
스

| 정다연 |

· 몸짱 아줌마로서 두 아이를 둔 평범한 가정 주부 출신이다.
· 인터넷 신문 〈딴지 일보〉에 건강 칼럼 〈니들에게 봄날을 돌려주마〉를 연재하
  며 대한민국에서 가장 유명한 운동 전도사가 되다.
· 현재 봄날 피트니스센터 운영.
· 운동을 하면서 방송 출연과 강연을 활발하게 하고 있으며, '정다연의 피규어 아
  카데미협회(JFTA)'를 창설하여 후계자 양성에 힘쓰고 있다. 그리고 한국에서 처
  음으로 개발한 GX프로그램을 개발, 일본으로 수출하여 좋은 반응을 보이고
  있다.
· 저서로는 《나를 사랑하게 해 주는 봄날 피트니스》가 있다.

| 정다연/피트니스 |

Q : 몸짱 아줌마로 알려졌습니다. 몸만 부각되어 온 탓에 운동에 대한 철학을 들을 기회가 적었습니다. 다이어트의 계기는 어떻게 시작되었는지 말씀해 주시겠습니까?

A : 중학교 때 사고로 오른쪽 눈을 다친 적이 있습니다. 그 사건 이후로 사람들과 눈을 마주치는 것조차도 못 할 정도로 내성적인 성격의 아이로 바뀌었습니다. 고등학교를 졸업할 당시에도 반에 친구가 거의 없었습니다.

그렇게 내향적인 내가 사랑하는 사람을 만나 결혼을 해 연년생을 낳은 뒤 20킬로그램 가까이 늘면서 비만으로 인해 요통이 심했고, 사소한 집안 일마저도 힘들었습니다. 게다가 정신적으로도 무척 힘들었고, 육체적으로도 지쳤으며, 아프다는 말을 입에 달고 살았습니다. 그래서 할 수 없이 병원에 찾아갔더니 의사 선생님께서 비만의 몸과 정신적인 우울증에는 운동이 효과적이라고 권했습니다.

Q : 다이어트로 인해 생긴 변화가 있었을 것 같습니다. 그 이야기를 해 주시겠습니까?

A : 살을 빼려고 시작할 즈음, 닥치는 대로 운동을 하다 오히려 후유증으로 고생했습니다. 오랜 시간 운동을 하는 과정에서 '내가 왜 이렇게 고생하며 힘들게 운동하지?' 라는 생각을 많이 해 봤습니다.

수도 없이 이런 질문을 스스로에게 던져본 뒤 내 나름대로의 답을 찾았습니다. 필요 이상의 살을 몸에 붙이고 다니는 사람은 그 살 때문에 스스로 고통을 받게 됩니다. 그 고통은 다양하게 자기 자신을 각종 성인병을 비롯해 게으름이나 대인 기피증 등등으로 괴롭힙니다.

운동을 해서 건강한 몸을 갖게 되면 정말 건강한 자의식이 생깁니다. 건강하게 만든 자신의 몸을 사랑하게 되고, 스스로를 사랑하게 됩니다. 스스로를 충분히 사랑하게 되면 이제 여유가 생길 뿐만 아니라, 남도 더 사랑하게 되는 여유를 가집니다. 체계적인 운동으로 나의 자신감을 회복한 이후 1만 명 앞에서 강의를 할 정도로 달라졌습니다.

물론 처음 방송사에서 인터뷰를 온다고 했을 때 어떻게 해야 할지 몰라 라커에 숨었을 정도로 숫기가 없던 보통 '아줌마'였던 적도 있었지만요.

건강해지고 자신감이 생기면 성격도 밝아집니다.

Q : 2003년 인터넷을 통해 〈니들에게 봄날을 돌려주마〉라는 제목의 운동과 다이어트 체험기를 연재하면서 유명세를 타기 시작했습니다. 인터넷에 화제가 되었을 때 다른 사람들의 편견은 없었습니까?

A : 유명해진 뒤 "팔자가 좋은 여자니까 몸에 투자할 수 있었다"는 이야기를 자주 들었습니다.

하지만 그 때 당시 나는 평범한 주부였습니다. 시부모와 시동생, 그리고 시누이와 함께 살면서 하루 세 번 밥상을 차렸고, 매일 야식까지 챙겼습니다. 지금 와서 생각해 보니 살이 너무 쪄 척추에 무리가 오지 않았다면 운동을 할 계기를 못 갖게 되어, 밥상을 차리고, 치우고 돌아서면 다시 식사를 준비하는 획일적인 삶으로, 현재의 내가 없었을 것입니다.

Q : 물론 지금은 다이어트에 성공하셨지만 운동하실 때 시행 착오도 있지 않았습니까?

A : 나도 운동을 시작하고 지금의 몸 상태가 되기까지 2년 이상의 시간이 걸렸습니다. 그 동안 건빵·포도·사과 다이어트 등 안 해 본 게 없었습니다. 온몸에 랩을 싸고 땀을 내다가 쓰러진 적도 있었죠.

하지만 역시 땀을 흘리지 않고 뺀 살이 원점으로 돌아가는 건 시간 문제였습니다.

그래서 지방흡입술이나 식이요법만의 체중 감량은 절대 반대합니다. 뱃살만 선택적으로 뺀다든지, 그런 것도 불가능하다고 여깁니다. 그것은 풍선에 바람이 빠지듯 온몸의 살이 함께 빠진다는 것입니다. 무작정 살을 빼면 피부 탄력을 잃기 때문에 녹황색 채소를 꼭 챙겨 먹고, 견과류 등 몸에 좋은 지방도 적당히 섭취해야 합니다.

적절한 식이요법은 운동과 더불어 중요합니다. 한때는 하루 세 시간씩 격렬하게 운동한 적도 있지만, 지금은 하루 30분씩 유산소 운동과 근육 운동을 합니다. 나에게 유산소 운동과 근육 운동 중 하나를 꼭 택하라고 한다면 근육 운동을 택할 것입니다. 왜냐 하면 유산소 운동에만 편중되면 근육량이 적어져서 체중 감량에는 성공할지 모르지만 체력적으로 무기력하게 될 수 있습니다.

Q : 몸짱 신드롬으로 전국적인 화제를 뿌려 TV와 각종 인터뷰를 비롯해 클리닉이나 강연 등 2년여 동안 필요로 하는 많은 곳을 다니시며 자신의 체험에서 우러나오는 건강 비법을 설파하셨습니다. 광고 제의도 많지 않았습니까?

A : 먹으면 살이 빠진다는 약이나, 저절로 앉아서 허리를 흔들어도 살이 빠진다는 식의 광고 제의도 있었지만, 딱 잘라 거절했습니다. 스스로 흘린 땀이 없이는 건강한 신체를 얻을 수 없습니다. 그건 진리나 다름없는데, 어떻게 내가 나 자신을 속일 수 있겠습니까?

지금까지 많은 전문가들이 "운동과 적절한 식이요법만이 가장 바람직한 다이어트 방법이다" 라는 사실을 전파하려고 무던히 노력했어요. 너무나 당연한 진리인데도 사람들은 귀를 기울이지 않고, 쉽고 간단하게 아름다워지려고 합니다. 건강은 뒷전이고, 아름다워지려는 목적이 우선입니다. 이러한 사람들의 일회성 바람에 편승하여 각종 사이비 다이어트 비법들이 판을 칩니다.

Q : 대외 활동으로 인해 웬만한 인기 스타를 능가할 정도로 언론과 대중의 관심을 끌었습니다. 방송 출연과 강연 등으로 바쁜 나날을 보내시다가 작년도부터 대외 활동을 자

제하셨는데, 그 이유를 말씀해 주시겠습니까?

A : 운동을 하고 방송 출연과 강연을 정신없이 하다 보니 다른 사람들에게 좀더 과학적이고 정확한 운동법을 알려 줘야겠다는 생각이 들었습니다. 그래서 'JFTA(정다연의 피규어 아카데미)협회'를 창설하여 후계자 양성에 힘을 쓰고 있습니다. 현재 많은 피규어댄스 트레이너분들이 전국에서 활발한 활동을 하는 모습을 보면 나 자신이 알려진 부분보다 더 많은 만족과 힘을 얻고 있습니다.

또한 한국에서 처음으로 개발된 GX프로그램이 일본으로 수출되어 좋은 반응을 보이고, 더 나아가 세계로 한국 피규어댄스 GX가 확산이 되었으면 하는 바람입니다.

Q : 이제는 피트니스 센터까지 운영하고 계시고, 특별한 활동이 없으시면 회원들을 지도하시느니만큼, 경험을 통해 소개하는 일반적인 운동 초심자들의 모습은 어떤 것이 있고, 또 조언해 주실 사항은 어떤 것이 있겠습니까?

A : 등록하자마자 다른 트레이너들이 봐도 심하게 운동하는 분이 있습니다. 그럴 때마다 저분은 너무 심하게 운

동하시니 다음날 나오지 못하겠다 생각합니다.

운동이란 것이 3달까지가 고비인데, 그 고비를 넘기지 못하고 급하게 모든 것을 이루려다 보니 지쳐 나오지 못하시는 분을 많이 지켜봤습니다. 또한 우리 피트니스 센터에는 거울이 전면에 없습니다. 다른 피트니스 센터에 가면 전면에 거울이 있는데, 그러면 운동을 하는 데 타인을 신경 쓰게 됩니다. 하지만 우리는 자연스레 자신에게 집중을 더 할 수 있게 환경을 만들었습니다. 우리 센터의 남자 트레이너의 근육을 보면 우락부락하지 않고, 각자 자신이 가진 기본 체형에서 최대한 균형이 잡힌 몸매란 것을 느낄 수 있지 않습니까?

처음에 방법을 모르고 원리를 모를 때 포기하기 쉽습니다. 제대로 방법을 알고 나서는 누가 말려도 하게 됩니다. 또한 제대로 원리와 방법을 알고 나면 재미도 생기고 성취감을 얻게 됩니다. 그때부터는 운동이 생활화가 됩니다. 먹고, 자는 것처럼 말입니다.

운동은 작심하고 하지 말고, 이를 닦고 세수하는 것처럼 자연스럽게 생활화하시기 바랍니다.

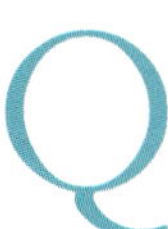
: 향후 계획을 듣는 것으로 마무리를 짓겠습니다.

A : '웰빙'이나 '건강' 부문 사업에 관심이 많습니다. VTR과 책 외에도 피트니스 웨어나 운동 프로그램 개발도 하고 있습니다.

일본에 번역 출간된 《나를 사랑하게 해 주는 봄날 피트니스》가 인기를 끌면서 일본 활동도 바쁩니다. 한 가지 더, '몸짱 아줌마'가 아니라, 웰빙과 건강 전도사로서 앞으로 꾸준히 활동하고 싶다는 게 저의 바람입니다.

interview 08

송창민

연애 컨설턴트

| 송창민 |

· 대한민국 대표 연애 컨설턴트이다. 국내 최대의 온라인 연애 컨설팅 카페 '쿨 카사노바'의 운영자로서, 회원수가 16만 5천 명을 자랑하며, 또한 수많은 연애 컨설턴트를 배출하고 있다.

· 육군사관학교·경희대학교·가톨릭대학교 등 여러 대학교와 기업에서 강연을 했으며, KBS·MBC 등의 텔레비전 프로그램과 〈조선일보〉〈중앙일보〉〈동아일보〉 등의 주요 일간지를 비롯해, 〈AM7〉〈쎄씨〉〈한겨레21〉〈신디 더 퍼기〉 등과 인터넷 사이트 〈젝시 인 러브〉 등 다양한 매체를 종횡무진하며, 자신만의 연애학을 전파하고 있다.

· 현재 KBS·MBC·SBS 케이블 TV를 비롯한 각종 매체에서 연애와 젊은이들의 심리 자문을 맡고 있다.

· 저서로는 《연애 교과서 1》《연애 교과서 2》《연애인》 등이 있다.

| 송창민/연애 컨설턴트 |

Q : 지금은 연애 컨설턴트로서 연애에 대한 주제로 카페 운영자를 비롯해 책도 네 권 냈습니다. 그런데 초반에는 서툴렀다고 고백하셨습니다. 어떻습니까?

A : 내가 부유한 집안의 출신이 아니었습니다. 그 때 당시 돈도 없었고, 살도 많이 쪘고, 말도 잘 하지 못했습니다. 그런데 주위에서, "여자를 사귀려면 돈이 많으면 된다, 외모가 괜찮으면 된다, 혹은 능력을 갖춰야 된다" 하고 말들이 많았습니다.

　하지만 이것은 어떻게 보면 내 의사와 상관 없는 조건이 될 수 있습니다. '없으면 없는 대로 살아라, 그냥 되는 대로 살면 되지' 이런 현실에 타협하고 싶지 않아 내 나름대로 정말 지키기 쉬운 것부터 하나둘 고쳐나가기 시작했습니다. 예를 들어, 살을 뺀다든지, 용기를 기르기 위해서 길거리에 지나가는 사람에게 시간을 물어보는 것부터 시작해, 그렇게 하나둘씩 하다 보니 차츰 자신에 대해 자신감이 생기기 시작하고, 그게 엄청난 시너지 효과를 일으켰습니다. 단순히 여자 앞에서 말을 잘 하려고 책을 봤는데, 그것이 독서에 취미를 붙게 했고, 시간이 흘러 예전의 내 모습은 완전히 지워지게 되었습니다.

가진 것 안에서 최선을 다하다 보니 전혀 내가 처음에 생각할 수 없었던 것을 창조하게 되었습니다.

Q : 처음에는 연애 컨설턴트를 하신다고 했을 때 주변의 반응은 어땠습니까? 그리고 지금은 처음보다 반응이 어떻습니까?

A : 처음에는 연애꾼의 이미지였습니다. 연애에 대해서 100퍼센트 정보를 많이 알고 있으면 왠지 불성실해 보이고, 자신의 일은 뒷전인 채 여자 뒤꽁무니만 쫓아다니지 않을까라는 선입견도 있었습니다.

이런 일 자체가 국가에서 주는 자격증이 있는 것도 아니고, 공인된 인증이 있는 직업도 아닙니다. 하지만 이런 정보들을 진실성을 가지고 제공하다 보니 2001년에는 회원수 25명에서 시작했는데, 그러다가 입소문을 타고 퍼져 카페 회원 16만 5천 명으로 늘어나다 보니 그 때서야 사람들이 나를 인정해 주는 것입니다.

내가 처음 연애 관련 카페를 만들 때 사실 불모지나 다름없었습니다. 처음 책을 낼 때에도 연애책이 별로 없었던 시기였습니다. 그런데 지금 엄청 많아졌습니다. 하지만 이런 직업이 있다는 게 사람들에게 인식시켰지만 아직까지 긍정적으로 바라보는 시선은 아닌 것 같습니다.

Q : 그럼에도 불구하고 연애 컨설턴트로서 현장에서 느끼시는 게 있었다면 어떤 것이 있습니까?

A : 앞으로 연애가 점점 더 어려운 시대가 올 것입니다. 왜냐 하면 급변하는 사회의 흐름 속에서 젊은이들이 자유분방하며 이기적이고, 그로 인해 이성을 만날 기회가 좀처럼 없습니다.

예전에는 대학 생활에서 동아리 활동도 활발하게 하고 교우 관계가 끈끈했는데, 이제는 점점 그런 게 없어지고, 너무 돈과 외모에 의지하다 보니까 아예 자기 자신의 재능을 개발할 수 있음에도 불구하고 잠재력을 포기하게 됩니다. 그렇게 살다 나중에 선을 보고 결혼하겠죠.

물론 연애를 잘 할 수 있는 사람도 많이 있습니다. 하지만 점점 더 어려운 시대가 올 것이고, 정보가 앞으로 정말 필요로 할 때가 올 것입니다. 그 때를 나는 기다리는데, 수많은 데이터를 그 때 쏟아내려고 축척해 두고 있습니다.

Q : 사랑을 받기 위해서 사랑받을 수 있는 사람이 되라고 얘기하셨습니다. 어떻게 해야 사랑받을 수 있는지 구체적으로 설명해 주시겠습니까?

A : 내가 아무리 사랑하는 마음을 가졌더라도 그 마음을 어떻게 표현하고, 또 자기 마음을 어떻게 보여주느냐에 따라서 결과는 달라집니다.

진짜 사랑을 쟁취하기 위해서 사랑받는 사람이 먼저 되어야 합니다. 자기 자신은 사랑받을 사람이 안 되는데, 자기가 사랑한다고 해서 무조건 마음 가는 대로 하고, 그 사람이 내 마음을 알아주기 원하는 것은 정말 이기적인 것입니다.

왜 자기 자신은 사랑받을 존재가 되기 위해서 노력하지 않고, 단순히 사랑해 주기를 바라는가입니다. 그리고 자신의 잘못을 고치려고 하지 않고 돈과 외모에만 의지하지 않는가 자문해야 됩니다. 솔직히 가장 먼저 해야 할 것은 처음 만날 때 외모 7, 마음 3입니다.

자기의 마음이 아무리 순수해도 보이는 외모에서 마음을 보여 줄 기회를 획득해야 되는데, 자기 자신은 전혀 관리를 안 하고 마음부터 알아주기 원하니까 당연히 안 되는 것입니다. 그리고 이런 책을 읽은 독자 중에서 나는 이것 정도는 다 안다고 얘기하지만, 막상 일 대 일로 그 사람과 마주서서 얘기해 보면 눈도 제대로 못 마주치고 소심하게 고개를 숙이면서 자신감 없는 모습을 보입니다. 그러면서 다 안다고 얘기합니다. 가장 기본적인 것도 안 되어 있으면서 말입니다.

당장 그런 선입견부터 버려야 합니다. 고등학교 때 대학 가면 여자 친구 생기겠지, 군대 제대하면 여자 친구 생기겠지, 좋은 직장 구하면 여자 친구 생기겠지 하고 생각했을 것입니다. 그런데 자기가 적극적이지 않은 이상 기회가 쉽게 찾아와주지 않았을 것입니다.

그렇잖아요? 먼저 어떤 인연이 나타날지 모르고 살다 소속된 공간에 어느 날 마음에 드는 이성이 있다 하더라도 자기 자신을 제대로 어필하지 못한다면 냉정하거든요.

세상도 사람도 마찬가지입니다. 그러면서 자기 기준보다 한 단계 낮은 여자를 선택하게 되고, 바람을 피게 되고……. 먼저 자기 계발이 전제되어 있지 않은 연애관은 욕심이고 이기적인 발상에 불과합니다.

Q : 자기 계발의 전제가 핵심이겠습니다. 그렇다면 자기 계발을 어떻게 해야 극대화시킬 수 있는지 말씀해 주시겠습니까?

A : 그 사람이 갖고 있는 이미지를 잘생기고 못생기고를 떠나 극대화시킬 수 있는 방법이 있습니다. 가령 짧은 머리와 긴 머리, 수염을 길렀을 때와 안 길렀을 때의 느낌이 각각 다르겠죠? 자신의 외모가 30퍼센트라면 나머지 70퍼센트는 스타일로 받쳐져야 되거든요.

그런데 남자들은 이런 정보에 무지합니다. 자기 자신의 티셔츠 사이즈조차 제대로 모르는 사람도 있습니다. 옷을 L사이즈 입는다 했지만 막상 M사이즈를 입어야 옷 맵시가 사는데, 그런 사람은 자기 세계에 빠져 있는 것입니다. 특히 남자들은 머리를 많이 기르고 싶어하잖아요? 예전부터 구속을 당해 와서 말입니다.

그런데 그 긴 머리가 자기 이미지와 어울리지 않는 이미지인데도 하고 다니는 경우가 있습니다. 또한 여자들 같은 경우에도 충분히 자기 자신의 이미지가 섹시한데 짧은 치마나 골이 파인 옷을 입으면 오히려 더 부정적인 이미지가 됩니다. 충분히 자신의 외모로 어필할 수 있는 스타일을 만들 수 있음에도 불구하고 정보를 몰라서 자기 자신의 설득 능력을 상실하게 됩니다.

이런 어울리지 않는 이미지를 고쳐 조금씩 변화해 나간다면,

지금 내가 그 모습이 어떤 모습인지 정확하게 말씀할 수 없지만, 일단 자기가 만족할 수 있게 됩니다. 자신감도 자기 만족이라고 생각합니다. 자기 자신에게 만족하면 여유가 생기고, 연애 초보자들이 가장 많이 하는 집착에 안 빠집니다.

자기 계발이 외모에 한정된 것은 아닙니다. 커피숍에서 여자가 커피를 주문했을 때 "예, 커피 주문하세요" 이렇게 얘기할 수 있는 것을 "커피 말고 생과일 주스 드세요" 대답하고, 상대방이 "왜?"라고 물었을 때, "비타민 C가 많으니까 몸에 좋은 것 드시라고" 이렇게 얘기하면 그 상대방을 대우하기 마련입니다.

솔직히 요즘 세상에서 우리들 대부분이 대우를 못 받고 살잖아요. 항상 세상은 우리의 조건을 중요하게 여기고, 만나면 어느 대학 다니는지 하는 따위를 물으니 점점 우리 자신이 위축되어 갑니다. 근데 이건 테크닉으로 그 사람의 존재 가치를 일깨워준다면 그 외모가 30퍼센트밖에 안 되었던 호감을 대화를 통해서 80퍼센트 창출할 수 있고, 이런 정보를 습득하는 것도 자기 계발입니다.

Q : 이번에 매혹에 관한 책이 나왔습니다. 그 중 하나를 소개해 주실 수 있겠습니까?

A : 매혹이나 연애 잘 하는 과정은 3단계로 이루어져 있는
데, 마지막 부분에 있습니다.

첫번째가 자신의 존재 가치를 깨닫는 것입니다. 자기가 얼마나
소중한 사람인지 자신이 먼저 깨달아야 자기 자신을 사랑할 수
있습니다.

그 다음에 자기 자신을 사랑할 만큼 노력할 줄 알아야 합니다.
이런 과정을 겪었을 때 매혹적인 사람이 될 수 있고, 자기 자신
을 성장시킬 수 있습니다.

그런데 세상은 항상 방해물이 존재합니다. 첫번째가 자기 자신
의 존재 가치를 못 깨닫게 만듭니다. 세상은 우리 이름보다 조건
을 중요하게 여기니까 말입니다. 두 번째는 나태입니다. 이런 거
해서 달라질 게 있겠냐, 결국 제자리 걸음하거나 변화나 발전 없
이 끝나게 되는 것입니다.

Q : 연애에 있어 갖춰야 할 게 너무 많기에, 또한 언급의
범위가 넓기에 오히려 이것만은 하지 말아라 하는 것이
있을 것 같습니다. 어떻습니까?

A : 남자는 돈만 있으면 다 된다, 이런 생각을 버리면 됩니
다. 내가 차가 없으니까 이렇지, 이런 생각만 버리면 됩

니다. 부모 재산도 없고, 그렇다고 해서 돈을 많이 벌 수도 없는 환경에 있는 사람이 돈만 의지하다 보니까 다른 방법이 안 보이는 것입니다.

여자한테 차여도 자신의 태도가 문제인데, 돈이 없어서 차였다고 생각해 버립니다. 그러니까 전혀 발전이 없는 것입니다. 돈 없는 사람이 벌 수도 있고 못 벌 수도 있는데, 남자는 이런 생각만 버리면 되고, 여자는 외모만 전부라는 생각을 버리면 됩니다.

예를 들어, 외모는 별로인데 계속 만나다 보니 정말 매력적인 여자가 있잖아요? 그런데 여자들은 그것을 잘 모릅니다. 어차피 이렇게 못생긴 것, 막 먹고, 찌고, 전혀 스타일에 대해 신경 안 쓰고, 그렇다 보니 평생 그렇게 사는 것입니다.

결국 모든 문제는 돈과 외모에 의지하려는 본성입니다. 그런데 자신에 대해 충분히 변화와 발전을 시킬 수 있음에도 불구하고 어차피 이렇게 된 것이라 말합니다. 하지만 어차피는 없습니다.

만약 그렇다 하더라도 정말 최선을 다해 노력하다 보면 된다는 것을 성공한 사람이라면 누구나 말하는 기본 이론인데, 식상하다는 이유로 갑자기 변신하고 싶은 욕구로 인해 이런 것이 무시되는 것입니다. 어떤 책을 읽든, 어떤 노하우를 적든, 결정적인 것은 무언가에 의지하지 않고 자립해서 자기를 위해 많은 시간을 투자하고, 자신에게 정말 몰입할 때 성장이 가능하고, 또 연애도 잘 할 수 있다고 생각합니다.

Q : 연애에 있어서 첫 만남이 중요합니다. 마음에 드는 사람을 발견했을 때 생각해야 될 태도는 무엇입니까?

A : 대부분의 사람들은 내가 상대방의 마음에 든다면 과연 이 사람이 나를 좋아할까를 초점에 맞추게 됩니다.

그런데 나는 이 사람이 나를 좋아할까에 궁금해하지 않습니다. 어떻게 하면 이 사람이 날 좋아할까, 여기에 초점을 맞춰 버립니다. 그러니까 초조해하지 않고, 나를 어필할 수 있는 방법들이 나도 모르게 나오는 것입니다.

대부분의 사람들이 날 좋아하게 만드는 것이 중요한데, 좋아하면 접근하고 싫어하면 튕겨져 나가고, 이러니까 발전이 없는 것입니다.

Q : 남자와 여자가 서로 현명하게 이성을 대하는 기본적이면서도 중요한 자세에 대해 말씀해 주시겠습니까?

A : 남자는 비전을 제시해 줘야 됩니다. 예를 들어, "나만 믿어" 이렇게 얘기하는데, 남자가 PC방에서 게임만 하고 있으면 경우에 안 맞지 않습니까?

원래 결혼까지 가기 위해서는 결혼 이후의 기대감을 주어야 됩니다. 그리고 신비감은 언제든지 깨질 수 있는 감정입니다. 또 남자가 지금 현재로는 능력이 없더라도, '정말 나중에 이 사람, 뭐가 되어도 될 것이다' 라는 확신이 들면 여자는 결혼까지 감행할 것입니다.

그런데 매일 "세상 살기 힘들다, 복권이나 되면 얼마나 좋겠어?" 하면서 노력하지 않고 복권이나 의지하는 모습을 보여주면 안 됩니다.

반대로, 여자가 조건이 좋지 않지만 항상 남자를 발전시키기 위해 "당신은 성공할 거야" 하며 용기와 자신감을 심어주면, 그 남자는 여자를 버릴 수 있겠습니까? 남자든 여자든 간에 미래에 대한 굳건한 신뢰를 서로에게 심어주면, 그 믿음을 믿고 조건을 떠나 이성한테 희생할 수 있습니다.

Q : 매력에 대한 이야기가 나왔는데, 그것을 갖추기 쉽지 않은 것 같습니다. 어떻습니까?

A : 개인적으로 상대방이 나한테 갖고 있는 선입견을 서서히 초전에 박살 내는 것이 매력이라고 생각합니다.

그런데 어떻게 박살을 내는지 아무도 모르니까 매력적이지 못한 것입니다. 그래서 내가 카페나 책을 통해 하나부터 열까지 디테일하게 정보를 제공합니다. 이것을 지키다 보면 처음 자기에게 가졌던 선입견에서 벗어나, 이 사람은 정말 매력적인 사람이다고 느끼게 되는 것입니다.

나도 누가 가르쳐줘서 이런 것이 아닙니다. 경험을 통해 나온 것입니다. 예를 들어, 영화 보러 갔는데, '줄 서는 게 짜증나고, 날씨도 덥고, 예약을 하면 훨씬 편리하겠구나, 상대방도 짜증나지 않겠구나' 생각해서 행동했고, 옛날에는 지하철에서 만날 때 교통 카드 없었을 당시 이성을 만나기 전에 표를 먼저 매표소에 와 끊어주는 것입니다.

만나기 전에 표를 끊어주면 '상대방은 편하겠구나' 라는 생각을 하면서 그 사람에게 초점을 맞추고 배려심을 담으니까 나도 모르는 방법들이 생각난 것입니다.

Q : 앞으로의 비전을 듣는 것으로 마무리를 하겠습니다.

A : 지금은 책을 냈으니까 본격적으로 강연회를 하고, 이제 온라인에서 오프라인으로 넘어갈 시기라 생각합니다. 오프라인은 정보를 제공하는 것에서 그치는 게 아니라, 실질적으로 일 대 일로 상담할 수도 있고, 체감할 수 있는 맞춤식 연애 정보를 제공할 것입니다.

그런 활동 영역 확장으로 연애 컨설턴트의 이미지를 확고하게 구축할 것입니다.

방우정

이벤트 MC

| 방우정 |

· 계명대학교 사학과를 졸업했지만, 레크리에이션 분야의 지도자로 사회에 진출
하여 전문 이벤트 MC와 방송인으로 활약하다.

· 1999년, 김제동을 만나 김종식·이상학 등과 함께 대구전문이벤트MC협회 리더
스를 만든 뒤, 이어서 전국이벤트MC연합회를 결성하여 초대 회장을 역임하다.

· 현재 대구과학대 서비스유통과의 겸임 교수로 재직.

· SBS 오픈 스튜디오 특강, KBS 콘서트 7080 고정 패널, MBC 박미선 이윤철의
톡톡톡 오후 2시 고정 패널, 아침마당·VJ특공대·폭소클럽 등에 출연하여 시청
자들에게 웃음과 행복을 선물해 주고 있다.

· 저서로는 《방우정의 맛있는 유머 화법》이 있다.

| 방우정/이벤트 MC |

Q : 이벤트 MC로서 그 동안 여기 오시기까지의 계기와 과정들이 궁금한데, 관심 있는 분들을 위해 말씀해 주시겠습니까?

A : 내가 원래 초등학교 때 동화 구연을 했고, 중학교와 고등학교 때는 웅변을 했습니다.

뿐만 아니라 계명대학교 사학과에 입학하면서, 끼가 많아 어릴 때부터 관객들의 박수에 매력을 느껴 무대에 서는 것을 너무 좋아해 연극을 시작했습니다.

사학과를 졸업하고 그전에 답사 같은 것도 많이 다녀서 관광 가이드를 해야겠다는 생각을 했습니다. 대학 다니면서 이미 학원에 나가 관광 가이드 자격증을 따고 안내하면서, 졸업 후 관광 가이드를 해야 되겠다 생각했는데, 결론적으로 보직이 가이드 쪽으로 안 떨어지고 관광 버스 배차하는 쪽으로 떨어져 한 달 정도하다 그만뒀습니다.

그 때부터 그 당시 불모지였던 레크리에이션을 해 봐야겠다 해서 레크리에이션 지도자 강의도 듣고, 그쪽 방면으로 쫓아다니기도 하고 그랬지만, 이게 그 당시에 직업으로 안 되었죠. 그러다 보니까 학원에서 어린이들을 가르치는 학원 강사도 했습니다. 이후에 광고회사 판촉물 영업 사원도 하는 등 직업을 여덟 가지나 거치면서 일을 했습니다. 그래도 내 머릿속에 '최선을 다하자' 하고 생각했습니다. 그렇지 않으면 살아갈 수 없었으니까 말입니다.

90년 초반에 이렇게 열심히 하다 보니까 하나의 직업으로 돈벌이도 조금씩 되어가고 있었습니다. 그러다가 정부에서 청소년의 건전한 놀이 문화를 지원하는 부서가 생기자, 청소년 전문 분야를 담당하는 공무원으로 특채되었습니다. 처음에는 2년 동안 거의 무보수로 자원 봉사했습니다. 그러다 자리도 생겨나고, 정식 직원이 되었습니다.

그 때 결혼도 하고, 공무원 6급 교직 수준이 되니까 보수도 좋아 근무 잘 했습니다. 그러던 중 김제동을 만나게 되었습니다. 소문이 들려요. 대구에 굉장히 재밌는 사람이 나타났는데, 중요한 건 나랑 비슷하게 생겼다고 말입니다. 나는 누구인지 모르겠지만, 나를 흉내내고 있구나, 그러면 내가 만나고 싶다 전해 달라고 말했습니다.

1999년 우방랜드 전속 MC를 함께 맡고 있었는데, 김제동이 찾아와서 얼굴을 처음 보는 순간 운명처럼 ‘김제동은 내가 도와줘야겠구나’ 생각했습니다. 그래서 나도 직장을 정리하고, 김제동도 나를 그림자처럼 따라다니며, “우리 그럼 진짜 하고 싶은 일을 저지르자” 해서 전국 최초로 MC 전문 사무실을 만들자고 의견을 모았습니다.

그래서 의기 투합해 우리가 알고 있는 김홍식(김샘) 씨와 함께 총 다섯 명이 출발했습니다. 그 당시에 〈대구 경북 진행자협회〉라는 리더스 이름도 내가 짓고, ‘본격적으로 이것 해 봐야겠다’라고 생각을 한 것입니다. 부모님도 반대를 많이 하셨습니다.

그런데 내 머릿속에 레크리에이션 지도자가 워낙 강하게 남아 있었기 때문에, 또한 내가 활동하는 데 공무원이나 직업에 얽매이다 보면 제약을 많이 받을 수밖에 없기에, 과감하게 좋은 직장을 그만두었습니다.

대구에서 MC 리더스를 만드니까 일단 경상도만으로는 우물 안 개구리니까, 영호남 교류를 할 수 있게 전라도 지역의 MC도 만날 수 있도록 김제동과 김홍식한테 시켰습니다. 다행히 광주에 박요한이라는 MC를 만나자 그 자신도 그런 데 관심 있었다며, 영호남만 하지 말고 전국적으로 다 모이자 해서 전국적으로 모여 2년 정도 친목 모임을 가졌습니다. 그러다 본격적으로 〈전국이벤트MC협회〉를 하나 결성하자 해서 만들어진 것입니다.

Q : 이벤트 MC를 정의해 주신다면 어떻습니까? 그리고 현장에서 이 업을 갖고 살아간다는 것은 어떤 의미입니까?

A : 이벤트 MC라는 용어가 2000년도부터 많이 나왔는데, 방송 MC라기보다 하나의 지역 자치 단체에서 큰 이벤트 행사에 전문적으로 진행하고 있는 MC입니다. 연락도 나한테 많이 오고 있습니다.

집에 부모님은 차라리 고시 공부하라 그러시는데, 나는 이벤트 MC를 꼭 하고 싶다고 했습니다. 그런데 사람이 이 분야도 자기가 하고 싶다고 다 되는 분야가 아닙니다. 그게 힘든 것입니다. 경제적인 문제도 따라줘야 되고, 자신이 인정도 받아야 되는 것이므로 생각만큼 호락호락 쉽지도 않습니다.

자질이라면 일단 타고난 끼가 있어야 됩니다. 이 분야 쪽으로 연구하는 것을 너무 좋아하고, 남들 하는 것을 보면서 관심 있게 쫓아다니며 보고, 자기도 무대에 나가고 싶어해야 됩니다. 뿐만 아니라 유머 감각도 있어야 합니다. 그것이 없는 사람들은 외우거나 공부한다고 해서 남들에게 즐거움을 줄 수 있기에는 한계가 있습니다.

직업 자체로는 참 좋은 직업이라서 많은 사람들이 꿈꾸고 있지만, 이 분야 쪽으로 성공하는 사람은 극소수입니다. 대부분이 도중에 하차하는 경우가 많습니다.

직장을 다니면서 이런 쪽으로 하고 싶다 하여 생계를 그만두고 이벤트 MC를 배우기 위해 올라오면 우리는 다 말리거든요. 직업으로 생각하지 말고, 기존의 직업이 있다면 취미나 부업 등 투잡으로 토요일과 일요일에 시간을 만들어, 과연 자기가 이런 쪽에 관심이 있는가를 알기 위해 교육도 받고, 경험을 해 보고, 여기서 살아남을 수 있는 가능성이 있다면 그 때서야 직업으로 투신해야 합니다.

그렇지 않을 경우, 나는 못 하게 합니다. 다시 말해 이렇게 생각하면 됩니다. 스포츠를 하는 사람이 정말 많지만 프로에 가는 사람들은 극소수이고, 프로에서도 빛을 보는 것은 더더욱 어렵습니다. 또한 많은 사람들이 가수를 하고 있으며, 거기다가 음반을 발매해 대박을 터뜨리려고 하는데, 그것을 터뜨리고 인정받는 사람은 0.01퍼센트입니다. 이 분야도 마찬가지입니다.

Q : 이벤트 MC 분야에서 성공하기 위해 노력하는 젊은이들이 많습니다. 그들을 위해 말씀해 주시겠습니까?

A : 나는 이벤트 MC에 대해 어느 정도 그 자질을 판가름
할 수 있는 능력이 있는데, 워낙 오래했기 때문에 감이
있습니다.

그런데 꼭 진행을 잘 한다고 성공하는 것은 아닙니다. 인간성
이나 됨됨이도 무시할 수 없는 것입니다. 아무리 진행을 잘 한다
고 하더라도 인간성이 좋지 않다거나 남들로부터 굴욕의 대상이
된다고 그러면 재밌어도 미워보이잖아요?

조금은 실력이 떨어지더라고 진짜 친밀감도 있고 인간적이면
그 사람을 의외로 많이 쓸 수 있습니다. 실력뿐만 아니라 인간적
인 부분도 굉장히 중요한 부분입니다.

Q : 지금은 이벤트 MC가 보편화되었지만, 그 당시만 해도
흔하지 않았습니다. 뿐만 아니라 이벤트 MC 분야의 영
역을 능동적으로 발전시키시는 것 같습니다. 거기에 대해서 이야
기해 주시겠습니까?

A : 나 같은 경우 선생님이 없으니 모든 분야를 독학했습
니다. 자기 혼자 노력하고, 아이템을 개발하고 해야 한다
는 게 가장 힘든 부분이었습니다. 일단 좋아서 선택한 길이기 때
문에, 그 자체가 재미있었으니까 발전할 수 있었던 것입니다.

그런 측면에서 보면 김제동 같은 경우에 나 같은 스승을 만났기 때문에 자신은 짧은 시간에 많은 것을 배우고, 남은 시간을 자기에게 할애할 수 있었다고 해도 과언이 아니죠.

이벤트 MC라는 말이 옛날에 사실은 없었습니다. 레크리에이션 지도자에서 김제동이 하나의 획을 그었습니다. 그 뒤 서울로 올라갔는데, 방송 초기엔 김제동은 직업을 무엇이라고 적어야 할지 모르는 것입니다. 개그맨도 아니고, 방송인이라 하려고 하니까 방송도 몇 번 나가지 않은 상황이니까 말입니다. 그 때 김제동에게 방송 사회자가 무슨 경험했냐고 질문하니, 이벤트 MC 사회를 봤다고 했습니다.

이벤트 MC라는 용어가 인터넷을 통해 부각되었습니다. 제일 중요한 것은 대상이나 시도의 흐름에 따라 이런 것도 변화되어 가는 것입니다. 그래서 나는 이벤트 MC라는 직업이 현재 상황에서 무궁 무진하다고 생각하지 않습니다.

지금은 최고 정점까지 왔고, 더 커나가는 것보다 정점에서 떨어질 날만 기다리고 있지 않을까 보여집니다. 왜 그렇게 보냐면 우리 40~50대들은 놀이 문화 자체가 잘 없었습니다. 전부 일을 열심히 해야 되었고, 지금은 기계가 일을 대신해 주면서 여가가 많이 늘어나게 된 상태입니다. 그러다 보니까 여가를 활용하기 위해 이런 사람들이 놀아보지 못했으니까 전문가를 불러서 재밌게 놀게 해 주는 것입니다.

그런데 지금 젊은이들은 분위기가 파티 쪽으로 가는 세대입니다. 자신들이 프로그램을 계획하고, 음향 준비하고, 옷도 갖춰 입고, 스탠딩으로 음악을 즐기려고 한다면 이벤트 MC가 나타나 이래라저래라 할 수 없기에, 이렇게 변화가 빠른 시대에 맞춰 이벤트 MC의 영역이나 역할에 몸담고 있는 사람이 연구해서 많이 확대해야 되지 않을까 생각합니다.

그러므로 가만히 앉아 기획사에서 MC가 필요한다거나 노래 자랑을 하는 데 진행자 가지고는 한계가 있고, 새로운 영역을 구축해야 살아남을 수 있을 것입니다.

나 같은 경우 이벤트 MC를 오랫동안 하다 보니, 또한 나이도 있기에 이벤트 MC 회사에서는 이러한 나를 워낙 거물이다 보니 부담스러워 했죠. 그래서 유머 강사로 전환했습니다. 정말 성공한 전환이었습니다.

20년 동안 무대에서 고객에게 기쁨을 주는 역할을 했으므로 이것을 이론적으로 정리하고, 경험을 토대로 교육 강사로 진출하니까 사람들에게 공감대가 형성됩니다. 많은 후배들도 유머 강사로 가는 길도 있구나 하는 희망을 갖게 해 주니 또 하나의 영역을 개척한 셈입니다.

Q : 유머 강사에서 강조하는 얘기가 있을 것 같습니다. 그
중 하나를 듣고 싶은데, 말씀해 주시겠습니까?

A : 21세기는 자기 표현의 시대입니다. 외적으로 몸매·외
모·머리·옷 등 많은 쪽에 관심을 가지고 있는데, 정작
자신이 지니고 있는 꿈·희망·사랑·신념·믿음·봉사는 엑스레이
를 찍어도 나타나지 않습니다.

이런 것을 인간 관계 속에 표출해야만 남들이 인정해 주는 것
입니다. 그 사람은 사랑이 넘친다, 믿음 하나만은 믿을 수 있다,
이렇게 사회에서 외적인 모습 이상으로 내적으로 자기를 표현함
으로써 이 사회에서 인정받는 것입니다. 그것이 곧 자신의 부가
가치입니다.

Q : 대인 관계에서 대해서도 언급하신다고 알고 있는데,
그 점에 대해서 구체적으로 설명해 주시겠습니까?

A : 내가 강조하는 것은 상대방에 대해 많이 알아야 한다
는 것입니다. 처음에는 느낌입니다. 이미지와 눈빛을 보
고 목소리 톤을 들으면 어느 정도 파악됩니다.

그 다음은 대화입니다. 얘기를 주고받다 보면 그 사람에 대해

서 많은 것을 알게 되는 것이고, 그렇게 되다 보면 그 코드에 맞춰 얘기를 하고, 그 사람의 성격을 여러 분야 쪽으로 배려해 주면 그 사람에 대해 호감을 지니게 됩니다.

일단 상대편을 많이 알면 알수록 이용하지 않고 배려해 주면 좋은 인간 관계를 맺을 수 있습니다. 인연의 끈을 연결한다는 것은 보통 사람이 인연을 맺었다 80~90퍼센트가 그 사람이 나에게 연락해 주기만을 기다리기 때문에 인연이 연결 안 되는 것입니다. 자기가 연락을 먼저 하면 연결되는 것입니다. 고등학교 동창도 그렇고, 초등학교 친구들도 그렇고, 모든 사람들이 전화 오면 반가워합니다. 그런데 전화하는 사람은 많이 없습니다. 간단한 원리인 것 같습니다.

자기가 열정을 가지고 만나고 싶어한다면 인연을 맺을 수 있는 것입니다. 그러니까 엘리베이터 안에서도 인사를 먼저 하는 사람이 서로 잘 모르는 사이라고 합시다. 하지만 모르더라도 같이 타면 같은 아파트에 사는 거니까 "안녕하세요?" 인사하면 90퍼센트 경우가 상대방도 인사를 합니다.

인연은 와 닿는다라고 그러는데, 자기가 노력해 가려는 의지가 있다면 만들어야 인연이 아닐까 생각합니다.

Q : 많은 사람들이 대중들 앞에서 말을 할 때 소통에 어려움을 느낍니다. 보다 쉽게 대중들한테 설득력 있게 하기 위한 방법은 어떻습니까?

A : 대중들 앞에서 사회를 보고 강의를 한다는 것은 많은 사람들의 마음을 움직이는 것이에요. 인원수가 많다뿐이지 일 대 일 대화나 마찬가지입니다.

어떤 얘기를 해야 이 사람이 좋아할 수 있을까? 그러니까 심리학적인 측면에서 그것을 어느 정도 꿰뚫어야 하고, 가려운 부분을 정확하게 파악하면 시원하게 긁어줄 수 있어야 반응을 유도할 수 있습니다. 어깨가 가려운데 옆구리를 아무리 긁어봐야 사람들에게 무엇이 와 닿을 수 있겠습니까? 그런 분야 쪽도 자기가 노력을 많이 해야 됩니다.

Q : 현재 대학 강단에서도 겸임 교수로서 젊은이들을 만나기에 그들에게 애착이 강하실 것 같습니다. 젊은이들이 어떻게 하면 더욱 삶을 풍요롭게 살아가는 데 도움이 되는지에 대해 조언해 주시겠습니까?

A : 옛날 우리 세대들은 보통 5~6명의 자녀를 두었습니다. 그래서 경쟁 속에서 살아오다 보니 어떻게든 던져놓으면 살아갈 수 있었는데, 지금 세대는 집에 1~2명의 자녀가 있다 보니 자립심이 약해진 것 같습니다.

어떻게 보면 체격은 커지고 좋아졌지만, 체력이나 정신력은 부족하지 않나 생각합니다. 대학교 다닐 때 학과 공부만큼 중요한 게 많은 것이 바로 경험인데, 아르바이트부터 시작해 동아리 활동 등이 있습니다. 그런 경험들 속에서 사람들과 부딪치며 대화를 주고받고 그러면서 자기의 미래를 계획할 수 있어야 합니다.

그러므로 요즘 대학생들은 어렵고 힘들더라도 많은 다양한 경험들 속에 도사리고 있는 실패를 너무 두려워하지 말아야 합니다. 이승엽 선수가 홈런 56개를 쳤지만 삼진은 백십 개 이상이나 당했습니다. 야구 선수에게 있어 최고의 영광은 녹색의 그라운드에서 하얀 백구를 때려 관중석에 넘기면 탄성이 나오는 홈런입니다.

반대로, 최고의 치욕은 삼진입니다. 홈런 타자가 되기 위해서 삼진은 감수해야 됩니다. 삼진을 두려워하면 홈런은 결코 나올 수 없습니다.

젊은이들도 이것 저것 다 맞춰 망설이거나 실패를 두려워하지 말고 나아가, 시련이나 어려움 극복해야만 진정한 자기 분야 쪽으로 성공적인 삶을 살 수 있지 않을까 생각합니다.

어떤 때는 부모님들도 반대하시고, 아무도 인정해 주지 않았음에도 노력해 어떤 성공적인 자리에 올라와 있는 사람은, 과정이 정말 어렵고 힘든 경험을 겪었기 때문에 더더욱 노력해서 인정받은 사람들이 대부분입니다.

물론 순탄하게 좋은 환경 속에서 부모님의 가업을 이어받는다든지, 성공을 해도 크게 주목을 받지 못하는 경우도 있지만, 어렵고 힘든 과정을 극복한 경우에는 그게 더더욱 모든 사람들에게 귀감이 될 수 있는 좋은 경우가 아니겠습니까? 도전하시기 바랍니다.

Q : 앞으로의 비전은 어떻습니까?

A : 남들에게 필요한 사람이 되어 늘 일에 사는 것입니다. 다람쥐 쳇바퀴 도는 반복된 삶 속에서 어떻게 보면 꿈과 희망과 웃음을 잃은 사람들에게 나를 통해 기쁨을 줄 수 있고 활력을 얻을 수 있다면, 나는 그 어느 누구보다 가장 보람 있는 일을 하고 있는 사람이라고 생각합니다.

Q : 마지막으로 남기시고 싶은 말씀을 듣는 것으로 마무
리를 짓겠습니다.

A : 이 세상에서 가장 행복한 사람은 자기가 진정 하고 싶
은 일을 하는 사람입니다. 그렇지만 이 사회는 불행히도
진정 자신이 하고 싶은 일을 하는 사람에게 경제적으로 뒷받침
해 주지 못하고 있으며, 또 그런 사람들이 너무 많습니다.

그렇지만 그 어려움 속에도 자기가 하고 싶은 일을 하는 사람
들도 많이 있습니다. 경제적으로 빵을 덜 먹어 힘들 수 있겠지만,
정신적으로는 보람을 많이 느낄 수 있을 것입니다. 그리고 남들이
경제적으로 힘들다고 생각하는 분야 쪽에서도 남들보다 탁월해
인정을 받으면 자기가 하고 싶은 일을 하고 돈도 벌 수 있습니다.

그 대표적인 예로는 나 같은 경우입니다. 그렇기에 금전적인 것
에 너무 얽매이는 것보다, 물질적인 풍요로움은 잘 못 누리더라
도 어떤 분야든지 자기가 하고 싶은 일을 했으면 좋겠습니다.

interview 10

이미지 컨설팅

| 정연아 |

· 전업 주부에서 표정 관리 전문가로 변신하여 한국 대표 이미지 컨설턴트로 활동하다.

· 아시아나 인력개발원 파트너 컨설턴트를 비롯해, 〈조선일보〉 주최 청년창업 자문위원, 한국능률협회 파트너 컨설턴트, 미스코리아·미스 춘양 미인대회 심사위원, 한국인 최초 우주인 선발대회 심사위원 등을 지내다.

· 현재 한국 대표 명사 특강 강사 및 여성부 주관 멘토링 대표 멘토로 활동.

· KBS·MBC·SBS 텔레비전 및 라디오에 300여 회 출연했으며, 신문·잡지 등의 칼럼니스트일 뿐만 아니라, 이미지 컨설턴트를 양성하는 등 맹렬한 활약을 하고 있다.

· 저서로는 《성공하는 사람에게는 표정이 있다》《나는 cool한 여자가 좋다》《물 흐르듯이 말하기》 외 다수가 있다.

| 정연아/이미지 컨설팅 |

Q : 선생님께서는 전업 주부로 계셨습니다. 그러시다가 어느 날 표정 관리 전문가로 백화점의 문화 센터 강사를 시작하셨습니다. 어떤 계기가 있었습니까?

A : 결혼하기 전에는 사랑받는 아내가 가장 행복한 여인이라고 생각했습니다. 그런데 결혼한 후에 남자한테 사랑받는 현모 양처가 제일이라고 생각했지만 결코 아니었습니다. 물론 가정 주부가 가치가 없다는 것은 분명 아닙니다. 단지 행복의 가치관이 저와 달랐던 것뿐이었습니다.

그래서 진정한 나를 찾고 싶었습니다. 내가 이 일이 좋아 성취감을 느낄 수 있는 것이 무엇인가 생각해 보니 이미지 컨설팅 분야였습니다. 메이크업을 해서 나의 얼굴이 멋있게 변하는 것이었습니다. 이미지 변신이 메이크업에서 시작되었습니다. 그러다 보니 표정·헤어스타일·패션·바디랭기지·메이크업·스피치·매너까지 공부하게 되었습니다. 참고로, 학창 시절에는 책을 가까이 안 했는데 지금은 180도로 바뀌었습니다.

Q : 이미지 컨설팅이라는 분야가 지금은 인지도가 높아졌지만 1990년도만 해도 생소했습니다. 어떠한 분야든 간에 최초가 되어 세상으로부터 인정받는 사람은 세상에 대해 통찰력이 깊어야 될 듯싶습니다. 선생님께서 이미지 컨설팅이란 시장이 지금처럼 커진다는 것을 예측하셨는지, 아니면 좋아서 한 일을 즐기시다 보니 어느 새 지금의 자리까지 오셨는지 궁금한데, 이야기해 주시겠습니까?

A : 둘 다입니다. 사람들이 많이 물어보는데, 10년 전에 내가 베스트 셀러가 된 책을 낸 적이 있는데, 이제서야 사람들이 이 분야에 눈을 뜨고 있습니다. 시장이 커질 것이라 생각했고, 나 자신도 잘 될 것이라 확신했지만, 생각 이상으로 그보다 더 유명해졌고, 훨씬 잘 되었습니다. 80퍼센트는 내 계획에 의해 이루어진 것입니다.

Q : 성공하기 위해서 선생님께서 하셨던 계획 중에서 대표적으로 하나를 들려주실 수 있겠습니까?

A : 문화 센터에서 강사를 하던 시절에 대학 교수님께 인사하러 갔을 때, 성공하고 싶으면 글을 써서 책을 내라는 조언을 들었습니다.

성공하기 위해서는 글을 써야만 했습니다. 첫번째 책을 낼 때 글을 논리적으로 쓰는 실력이 부족했습니다. 쓰다 보니 내 안의 글 쓰는 능력이 개발이 되었습니다. 처음에는 원고가 나쁘다고 퇴짜를 맞았습니다. 그러다 보니 오기가 생겨 3년 동안 4번 수정 끝에 원고가 채택되어 책을 낼 수 있었습니다. 그 책이 나와 베스트 셀러가 되었습니다.

Q : 최초의 이미지 테크 전문가를 비롯해 대학에서 강연도 하셨고, 주요 일간지 및 잡지에 350회의 칼럼을 기고도 하셨습니다. 이미지에 대한 책도 내셨고, 강연도 500군대 기업체 이상에서 2천 회 걸쳐 하셨으며, 유명 정치인 이미지 자문, 각 개인 이미지 컨설팅과 교육 등 헤아릴 수 없을 만큼 큰 업적을 이루셨는데, 이 분야에 관심이 많은 분들에게 해 주시고 싶은 말씀은 어떻습니까?

A : 진정한 전문가가 되고 싶다면 급한 마음을 버리셔야 됩니다. 노력하지 않고 서둘러 전문가가 된다는 것은 사막에 빌딩 짓는 것과 마찬가지로 불가능한 것입니다. 정말 불모지를 개간하는 마음으로 자갈을 빼고 흙을 파는 작업, 즉 공부해야 합니다. 그냥 앉아 있으면 해결될 것은 아무것도 없습니다. 열정을 내서 모든 것을 관심 갖고 보고 행동해야 됩니다.

Q : 이미지 컨설팅이 어떤 것인지 간단히 표현해 주실 수 있겠습니까?

A : 우선 눈에 보여지는 외모나 헤어스타일은 물론, 메이크업, 표정, 패션, 시각적인 이미지, 말하는 목소리, 청각적 이미지를 비롯해 향수의 후각적 이미지, 악수 등 촉각적 이미지, 이렇게 내가 상대에게 인식되어지는 감각적인 요소를 조절하고 개선하는 것입니다. 그런데 컨설팅으로 사람들의 성품을 단기적으로 개선시켜 줄 수는 없습니다.

Q : 내면적인 성품은 중요합니다. 그러나 불리한 외모로 인해 한 번 만나고 다음에 기회조차 주지 않기 때문에

외모가 상당히 중요하다고 생각됩니다. 선생님의 생각은 어떻습니까?

A : 그렇습니다. 첫 만남이 첫 관문입니다. 10층 건물이 있습니다. 먼저 1층을 올라가지 못하면 2층도 못 올라갑니다. 1층은 첫 만남입니다. 첫 만남에서 강렬한 호감을 주어야만 다음 만남이 연결되어 비즈니스가 시작됩니다. 또한 실력 있고 성품이 있는 분이지만, 자기 표현을 잘 하지 못해 안타까운 경우도 있습니다.

Q : 이미지 컨설팅을 할 때 외형에 따라 초점이 다르실 것 같습니다. 이 점에 대해 설명해 주시겠습니까?

A : 이미지 컨설팅을 하는 입장에서 외모가 멋진 분일수록 심플하게 합니다. 그런데 반대인 경우에는 외형의 변화에 한계가 있기 때문에 목소리나 매너, 옷 입는 감각 등에 더욱 신경을 써드립니다. 물론 모든 분들을 신경 써야 되는 사항이기도 합니다.

Q : 말은 공감이 됩니다. 하지만 실질적으로 현실에서 적용이 쉽지 않을 것 같습니다. 어떻습니까?

A : 목소리는 아나운서 시험 본다고 생각하시고, 물론 하루 아침에 이루어지지 않겠지만, 발음을 정확하게 하면서, 의식하며 훈련해야 됩니다. 매너는 매너에 관련된 책을 읽으시면 됩니다. 패션은 가장 간단한 방법으로 인터넷에서 '세기의 왕자'를 쳐보시고 따라하시면 됩니다. 모르겠더라도 따라해 보시기 바랍니다. 왕자들은 옷을 잘 입습니다. 따라하다 보면 자연스레 감각이 늘어날 것입니다

Q : 일 이외에 봉사에 관심이 많으신 것 같습니다. 주일에 교회 성도들을 대상으로 세미나를 무료로 봉사하고 계시고, 향후 출간될 예정인 책도 인세를 교회에 전액 기부하신다고 들었습니다. 향후 비전은 어떻습니까?

A : 세계 최초로 이미지 컨설턴트를 양성하는 대학을 짓는 게 나의 비전이자 목표입니다.

Q : 마지막으로 젊은이들에게 해 주시고 싶은 말씀을 듣
는 것으로 인터뷰를 마치겠습니다.

A : 본인이 스타라고 생각했으면 좋겠습니다. 스타는 매력
이 있습니다. 젊은이들은 소중하니까 아무 의미도 없이
있지 말고, 자신을 최대한 매력 있게 발전시켜 나가기를 바랍니다.

interview 11

이영권

성
공
학

| 이영권 |

· 명지대학교 무역학과를 졸업하고, 연세대학교 경영대학원에서 석사 학위를 취득한 뒤, 미국으로 건너가 뉴욕 뉴 스쿨에서 국제경영학 과정을 수료했으며, 귀국 후 명지대학교에서 경영학 박사 학위(해외 직접 투자 전공)를 취득했다.

· 서울대학교·아주대학교·고려대학교·홍익대학교 강사 역임, 상명대학교 겸임교수 역임, 동양화재 경영자문위원, SK글로벌 분사 (주)이미지네이션 대표이사 역임, (재)안면도 국제꽃박람회 자문위원 등을 지냈다.

· 현재 명지대 겸임교수 재직.

· KBS2 라디오 '이영권의 경제 포커스'를 진행하고 있고, 또한 KBS 2TV에서 생방송 〈세상의 아침〉 경제 패널로 왕성한 활동을 하고 있다.

· 저서로는 《내 인생 최고의 멘토》《성공으로 가는 멘토링》《편지로 시작하는 아침》 외 다수가 있다.

Q : 세계 대부분의 나라들을 다니셨다고 들었습니다. 그 이야기부터 해 주시겠습니까?

A : 1977년 1월, SK에 종합상사 주재원으로 입사했습니다. 그로부터 23년 동안 세계의 80퍼센트나 되는 나라들을 다녔습니다. 참 멋진 세상이고, 세상은 넓다는 것을 절실히 느꼈습니다.

큰 세상이기에 나도 큰 사람이 되겠다고 결심했습니다. 특히 1979년 뉴욕에서 5년 반 동안의 생활은 나에게 굉장히 큰 행운이었습니다. 전세계의 경제 중심지이다 보니 같은 기간에 다른 지역에서 있었던 시간보다 훨씬 큰 도움이 되었습니다.

Q : 미국 뉴 스쿨에서 경영학과를 수료하셨습니다. 한국에서 배웠던 대학 교육과 미국에서 배웠던 교육의 차이도 궁금한데, 설명해 주시겠습니까?

A : 미국 뉴 스쿨에서 토론식으로 수업했습니다. 뿐만 아니라, 캔자스 대학 일정 기간의 세미나 코스를 회사에서 보내줘 교육받았습니다.

확실히 우리 나라와 교육 시스템이 달랐습니다. 경쟁 원천력이 사람인데, 그 사람을 높이는 것은 결국 교육입니다. 이것이 우리보다 앞서 있었습니다. 내가 나중에 한국 가면 기회가 있을 때 전수해야겠다는 생각을 그 때부터 가졌습니다.

Q : 대학 졸업 후 SK를 다니면서 대학원까지 주경 야독하셨습니다. 그 때 당시 주변 사람들의 시기와 질투도 있었다고 들었는데, 어땠습니까?

A : 그분들 입장에서는 자기들이 못 하니 불만일 수 있겠고, 또 내가 학교를 가면 일을 소홀히 할 것이라 생각했던 것 같았습니다. 나도 지켜보는 입장이라면 그렇게 생각할 수도 있었을 것입니다.

하지만 내가 대학원을 다니면서 회사일을 잘 못 했다면 더 이상 크지 못했을 것입니다. 회사일을 잘 하며 다니니까 자를 명분도 없었습니다. 시기나 질투가 커지면 내가 무너지는데, 나의 능력이 시기나 질투보다 더 커져 있었기 때문에 하나의 물거품이 되었을 것입니다. 내가 나의 능력을 입증시키기 위해서 잠을 덜 잤습니다. 회사일을 항상 1등 하니까 제일 빨리 임원을 시킨 것입니다.

Q : 한국에서 성공한 케이스입니다. 한국뿐만 아니라 클린턴 등 세계에 성공한 사람들을 두루 많이 만나셨다는 얘기도 들었습니다. 그로 인해 느끼신 점도 남다르실 것 같은데, 그 이야기를 들려주시겠습니까?

A : 나는 그 방면에서 한국의 0.01퍼센트 안에 든다고 생각합니다. 이런 인생의 경험들이 회사 다닐 당시, 회장님께서 나를 좋게 보아 윗분들 옆에서 세계의 성공한 분들을 만날 기회를 주서서 복이라고 생각하고 있습니다.

그렇지만 내가 영어 공부를 안 했다면 뉴욕 못 갔고, 치열히 안 했다면 신뢰를 못 주어 그 기회를 놓치고 말았을 것입니다. 운이라기보다 준비한 사람에게 기회가 오는 것입니다. 특히 젊은 사람들한테 해 주고 싶은 얘기는 열심히 하면 다 된다는 것입니다.

내 주변에 있는 제자는 외국 유학도 한 번 안 나갔는데도 영어 점수 만점을 받았습니다. 못 한다는 말은 열심히 안 해서 그런 것입니다. 부자가 되는 것도 열심히 안 해서 그렇습니다. 결국 자기와의 싸움입니다.

Q : 열심히 해도 잘 하지 못하는 사람이 있습니다. 그런 사람을 위해 조언해 주시겠습니까?

A : 사법 고시는 머리가 나쁘거나 열심히 하는 요령이 부족해서 떨어질 수 있지만, 일정 수준 두뇌를 갖고 있는 사람은 하면 되어야 됩니다. 결국 사법 고시도 사람이 만들었습니다. 자나깨나 24시간 물고 늘어져 죽여야 됩니다.

Q : 대기업 임원을, 지금은 시대가 변했지만, 그 당시 서른 아홉 살이라는 이른 나이에 달성하셨습니다. 그 때의 감회를 말씀해 주시겠습니까?

A : 서른아홉 살의 SK 임원 경험은 돈으로도 못 삽니다. 무엇보다 노력에 대한 산물이기도 합니다. 후배들이 영어 죽이듯이 일도 맡으면 죽여야 합니다. 열심히 한다고 하는데, 실제로 열심히 하는 것처럼 보일 뿐입니다.

진짜 자기 일에서 최고가 되겠다고 생각하고, 밤낮을 가리지 않고 그 일만 생각하며 행동하는 사람은 많지 않습니다. 임원되기 쉽습니다. 남들이 보통으로 하기 때문에, 거기에 조금만 더 하면 됩니다. 나 같은 경우 하루에 6시간 이상 자 본 적이 없습니다. 영어 같은 경우도 1년 1개월 동안 매일 18시간을 했습니다. 트일 수밖에 없습니다.

열심히 공부해도 점수 제자리에서 머무르는 제자들과 얘기할 때가 있습니다. 그럼 난 하루에 몇 시간 영어 공부하느냐고 거꾸로 물어봅니다. 그러면 하루에 2시간 열심히 한다고 대답합니다. 그건 10년을 해도 되기 어렵습니다.

Q : 임원으로 나오신 이후 경제 방송을 맡으셨습니다. 전문적으로는 아니지만 우리가 살면서 경제 공부를 해야 할 중요성도 있을 것 같습니다. 이 점에 대해서 설명해 주시겠습니까?

A : 매일 경제와 매일 방송을 듣는 것이 기본적으로 되어 있어야 합니다. 부자가 되는 것, 쉬운 일 아닙니다. 그렇지만 할 수 있습니다.

경제의 흐름을 명쾌하게 아는 사람이 부자될 확률이 높습니다. 그럴려면 반드시 경제를 공부해야 됩니다. 타고난 경제 센스가 있지 않다면 공부할 수밖에 없습니다. 타고난 경제 센스를 가진 사람은 만 명 중에 한 명 정도입니다. 그 한 명은 누군가 가르쳐 주지 않았는데 돈에 대한 천부적인 감각이 뛰어난 사람입니다.

그렇다면 나머지 9,999명은 열심히 공부해야 하고 경제 흐름을 알아야 합니다. 똑같이 천만 원을 주더라도 10년 뒤에 가지고 오는 돈은 사람마다 다를 것입니다. 그럴려면 경제의 큰 흐름을 알고, 거기에 자기가 맞는 분야를 선정해서 선택과 집중을 해 파고 들어가야 됩니다.

Q : 여기서 말씀하시는 공부가 구체적으로 어떤 것을 의미합니까?

A : 학업을 통해 대학이나 대학원 박사가 필수로 중요하다는 것이 아닙니다. 박사되었다고 돈 많이 버는 것은 아니잖아요. 내가 말하는 공부는 학위를 말하는 게 아니고, 그 계통

의 최고가 되려고 진정으로 하는 사람이 가장 훌륭한 전문가가 되다는 얘기입니다.

명쾌하게 목표를 갖고 올라가는 사람은 반드시 올라가게 되어 있습니다. 만일 내가 대장장이가 된다고 가정합시다. 나 같으면 전세계의 대장장이가 어떻게 최고가 되었는지 검토할 것 같습니다. 그 대장장이를 만나볼 수 있으면 책을 통하거나 현지를 통해 볼 것입니다.

그럼 자기가 최고 대장장이와의 차이를 확인하고, 그걸 메우기 위해서 어떻게 하겠다는 전략을 세웁니다. 그런 뒤 최고의 대장장이가 되기 위해서 하루에 몇 시간씩 낫 등을 만들고 하는데, 실패를 거듭하면서도 끊임없이 그 길로 가는 자세가 있어야 됩니다.

Q : 비전을 이루는 방법에 대해 구체적이십니다. 보통 사람들은 어떻게 해야 하는지 설명해 주시겠습니까?

A : 우선 인생의 목표를 분명하게 해야 합니다. 정해지면 달성할 수 있는 역량이 무엇인지, 환경은 어떠한지 분명하게 분석해야 합니다.

그리고 목표와 자신의 위치에 차이를 어떤 식으로 극복할 것인가 하는 전략이 나와야 합니다. 전략이 나오면 실천 방안이 나와야 되고, 실천 방안이 나오면 그 때부터 하나씩 반쯤 죽여야 합니다. 대부분 사람들은 다같이 계획은 잘 세우는데 실행을 안 합니다.

Q : 비전을 이루고 싶은데 혼자서 이루기가 힘든 것이 현실입니다. 어떻게 해야 합니까?

A : 단계별로 트레이닝 코스를 통해 미처 생각하지 못한 재능을 찾아내야만 가능성을 높일 수 있습니다. 사실 혼자서는 득도가 잘 안 됩니다. 똑같은 선수도 누가 감독이냐에 따라 선수의 역량이 달라집니다. 따라서 좋은 스승을 많이 만나러 다녀야 됩니다. 좋은 모임 같은 데서 훌륭한 사람을 벤치 마킹이라도 해서 닮으려고 노력해야 합니다.

Q : 성공하는 데 있어 원리를 중요하게 여기십니다. 어떤 철학이라도 있습니까?

A : 세상 만사가 아침에 해뜨고 저녁에 해지고, 똑같습니다. 그렇듯이 성공에도 원리가 있습니다. 그 원리가 있는데,

깨닫고 실행하는 게 중요합니다.

그런데 대부분 열심히만 하면 되는 줄 알지만, 원리를 깨닫지 못하고 열심히 하면 헛발질하는 것입니다. 중요한 것은 원리를 깨닫고 열심히 해야 합니다.

쉽게 얘기하면, 어느 할머니께서 평생 김밥 팔아 돈 100억 원을 벌어서 기부하는 것을 볼 때 그 할머니는 석사나 박사가 아닙니다. 그 할머니께서는 초등학교만 나오셨는데, 그 할머니의 기본적 원리는 열심히, 그리고 성실히 하고 있는 것 중에서 돈 안 쓰고 평생 온 것입니다. 그것을 득도라고 합니다.

박사 학위받고 철학 얘기하는 게 아니라 자연스레 몸에 밴 그 할머니의 철학적인 원칙이 하나 서 있습니다. 그것은 진짜로 안 쓰고, 덜 먹고, 우선 저축하자입니다. 나중에 사회 환원하자라는 생각이 처음에는 없었을 것입니다.

이런 사람들이 경제학자나 펀드 메니저보다 낫습니다. 그분의 철학은 정말 성실하게 일해서 번 돈을 안 쓰고, 덜 먹고, 저축하여 종자돈이 만들어져 기회가 될 때 더 안전한 자산으로 이동했습니다. 그런 것들은 책에서 이렇게 하였으니 이렇게 하라 해서 배워 하는 것은 결코 아닙니다. 그 자체를 생활에서 터득해 우직하게 한 구멍을 파서 간 것입니다.

Q : 사람들은 모두 부자가 되려고 노력하고 있습니다. 그래서 수단과 방법을 가리지 않는 사람도 있습니다. 그렇게 하면 성공은 할 수 있지만 유지하기가 더 어렵다고 들었습니다. 어떻게 하면 진정한 부자가 될 수 있는지 그 방법을 가르쳐 주실 수 있겠습니까?

A : 이 세상에 벼락 부자는 없습니다. 벼락 부자가 돼서도 안 됩니다. 쉽게 무너지니까, 부자가 되는 기본적인 마인드는 성실에 바닥을 깔고 경제 흐름을 안 뒤, 경제 흐름에 맞게끔 명쾌하게 자기 나름대로의 방법을 찾아야 됩니다.

가장 중요한 것은 성실입니다. 덜 먹고 덜 쓰고, 그리고 저축하는 자세가 밑에 깔리지 않으면 부자 안 됩니다. 되더라도 무너집니다. 부자가 되고 싶다면 근검 절약해야 됩니다. 이것은 옛날부터 지금까지 내려온 아주 기가 막힌 진리입니다.

Q : 앞으로의 비전을 듣는 것으로 마무리를 하겠습니다.

A : 우리 나라 국민들이 글로벌 경쟁력을 각계 각층에서 더 가질 수 있도록 세계를 쳐다보는 눈, 경제를 쳐다보는

눈, 그것을 위한 성공학, 이런 것들을 통해 국민들의 글로벌 경쟁력을 제고시키는 내셔널 멘토가 되고 싶은 것이 현재 내가 가고자 하는 길입니다.

interview 12

지승룡

외식업 카페

| 지승룡 |

· 목가적 풍경이 남아 있던 서울의 아늑한 한 귀퉁이에서 태어나, 약간 아둔하면서도 순수한 소년 시절을 보내다가, 고등학교 시절부터 명상과 삶의 의지를 강렬히 다지기 시작하여 청년 시절로 진입, 신촌과 명동에서 사랑과 이별을 체험하면서 청년적 감성을 키우며 외로운 청년상을 형성했다. 하지만 뜻한 바가 있어 광나루에 위치한 신학대학원에 입학한 후 구도자의 길을 택했다. 그 후 성직자로 살며, 상처받은 영혼의 청년 목자로 활동하던 중 또 다른 깨달음을 얻어 다시 사회로 환속했다.

· 평소 존경하던 다산 정약용 선생의 큰 뜻을 이해하고, 그 뜻의 일환으로써 10평 정도의 문화 카페 '민들레 영토'를 만들어, 오늘날 우리 나라 굴지의 사업으로 키웠다.

· 저서로는 《민들레 영토에 핀 사랑》《민들레 영토 희망 스토리》《선배처럼 살아라》가 있다.

Q : 목사에서 어떤 결정적인 사유로 인해 그만두시고, 그 시련을 위해 정독 도서관에서 매일 10시부터 오후 7시까지 책을 보셨습니다. 신문·여성지·동화책 등 어느 새 사회 복귀에 필요한 경제와 경영 분야의 책, 사기를 당하지 않고 사업을 하는 책 등을 섭렵하셨습니다. 그렇게 3년 동안 2천 권 분량의 책을 보셨는데, 책으로 인해 얻으신 것은 무엇입니까?

A : 첫번째로, 하나의 책이 만들어지는 것이 간단한 과정이 아님을 느꼈습니다. 책에는 저자가 살아온 삶의 진정성이 있습니다. 책 만들 때 독자를 생각하기 때문에 진정성을 대중의 기호에 근접해서 이야기합니다. 진정성과 대중성을 갖고 있는 책을 읽을 때 나는 삶의 기운을 얻습니다.

두 번째로, 어떤 것을 표현할 때 논리적 사고를 통한 중요한 설득력을 갖게 되었습니다.

세 번째는, 많은 독서를 통해 세상이 두렵지 않다는 자신감이 생겼습니다. 책을 많이 읽는 것과 자신감은 관계가 없을 것 같은데, 자신감이 생깁니다. 이렇게 하나를 진실하게 끊임없이 집중하는 것이 결국 세상을 이기는 근원이라는 생각이 들었습니다

Q : 민들레 영토 머더 마케팅(퍼주는 마케팅)은 대표적인 성공 사례입니다. 하지만 처음부터 민들레 영토가 문을 열자마자 잘 되었다고는 생각하지 않습니다. 초기에 어려움을 이기고 꾸준히 실천할 수 있었던 지탱 요소는 무엇입니까?

A : 초기에는 첫째 모르는 것, 둘째 주변 사람의 시기, 셋째 법적인 문제, 넷째 함께 일하는 사람들과의 불일치였습니다. 그 일이 계속 반복되었습니다. 하지만 내가 할 수 있는 일이라고는 반전밖에 없었고 또한 무작정 치고나가는 길밖에 없었습니다. 그렇지만 치고나가기 위해서는 지식과 지혜가 있어야 합니다. 그럴려면 어떻게 해야 되는가? 일반 사람들보다 책을 훨씬 많이 읽고 더 똑똑해지면 됩니다.

Q : 서울시에서 '아름다운 서울'을 만든다는 취지에 따라 민들레 영토의 건물이 없어질 뻔한 위기가 있었습니다. 그 당시 연대·이대·서강대의 학생들이 지켜야 할 가치 있는 공간으로 서명 운동까지 벌여 지킬 수 있었습니다. 이는 단순히 카페가 아니라, 도시민의 문화 공간으로 한 단계 발돋움할 수 있는 계기였습니다. 뿐만 아니라 인근 상인들이 선생님에게 견제를 심하게 했다고 들었습니다. 극복할 수 있었던 힘의 원천이 무엇인지 알려주실 수 있겠습니까?

A : 첫번째는, 선수는 수를 읽습니다. 그 당시 견제하던 인근 상인들보다 내 수가 앞서갔습니다. 상인들은 큰 흐름을 볼 수 없었기 때문에 내가 기 싸움에서 이길 수 있었습니다.

두 번째는 나한테 확고한 지지 세력인 청년 고객들이 있었습니다. 94년에는 인터넷 문화에서 소위 어른들은 돈과 경험과 친교를 가졌습니다. 젊은이들은 돈과 경험도 없었습니다. 기껏해야 학교밖에 없었습니다.

그 때 인터넷을 이용해서 경험하지 않은 지식을 공유했습니다. 인터넷 커뮤니티가 조성되어 조직을 갖게 되었습니다. 세상의 소비를 젊은이들이 집중해 주었습니다. 예를 들면, 서태지 음반을 구매함으로써 서태지가 부자되었고, 서태지 음반 회사도 부자가 되었으므로 새로운 부자를 젊은이들이 만들어주었습니다.

그 수를 내가 읽었습니다. 그랬기 때문에 내 수가 앞서나갈 수 있었습니다. 내가 열악한 상황이었지만 상대에 대해서 이미 게임이 달랐던 것입니다. 그래서 전선이 달랐던 것입니다. 짧으면 수 년, 길면 십 년 후에 내가 이긴다는 생각을 했습니다.

Q : 젊은이들 중에는 조급한 사람들도 더러 있습니다. 경종을 울리는 얘기 같습니다. 이 점에 대해 조언해 주시겠습니까?

A : 고난을 극복하는 지식 하나를 얻는 데 3년이 걸렸고, 성공하는 데는 수십 년이 걸렸습니다. 성공에는 여러 단계가 있지만, 나는 짧은 시간 안에 맞설 수 없었습니다. 게임을 만든다든가, 그 때 유행하던 한글을 개발한다든가 하는 재능이 나에게 없었기에 단타를 칠 수 없었습니다. 집중타로 가는 길을 택했습니다. 젊은이들은 이러한 나의 경험을 참고하셨으면 합니다.

Q : 삶의 방향에 대한 태도에 대해서 들었습니다. 비즈니스를 대하는 태도도 궁금합니다. 어떻습니까?

A : 둘 다 일치시켜야 됩니다. 이것은 이것저것이 아니라, 생각하는 수가 달라야 됩니다. 나는 자본주의자입니다. 그런데 어떤 자본주의자냐, 타락한 자본주의가 아니라 도덕적인 자본주의자입니다.

타락한 자본주의는 최소의 희생으로 최대의 효과를 누리는 전통적인 자본주의자인 동시에, 자기의 성공이 우선이고, 궁극적으로 다른 사람을 이용합니다. 도덕적 자본주의는 최대의 희생으로 최대의 효과를 거두어 상대와 함께 성공해서 행복을 나누는 것이 중요한 목적입니다.

Q : 목사에서 노점상, 이제는 스타벅스와 겨루는 대형 외식업체 사장이 되셨습니다. 그뿐만 아니라 중국을 필두로 하여 3년 내 세계 30개 지점 설립을 목표로 해외로 뻗고 있습니다. 앞으로의 비전은 어떻습니까?

A : 세상이 너무 변해지고 있습니다. 달라지고 있는 와중에 나는 꿰뚫는 무엇인가를 얘기해 줘야 한다고 생각합니다. 왜냐 하면 나이가 드신 분이 달라지고 있는 세상에, '어떻게 살아야 하나?'라는 생각 또한 젊은이들이 너무 빨리 변화하는 세상을 두려워하고 있기 때문입니다. 바뀌는 세상에서는 꿰

뚫는 무엇이 있어야 된다고 생각합니다. 그것은 휴머니즘이라는 생각이 듭니다. 이것을 비즈니스로 담아낼 것입니다.

Q : 민들레 영토는 동일 업종의 높은 급여 수준을 자랑합니다. 서비스업이기에 고객 만족을 위해 외모의 중요성을 무시하지 못한다고 보는 입장입니다. 선생님께서 채용 기준을 3분의 1은 인상, 3분의 1은 생각, 3분의 1은 건강을 보신다고 했고, 실제로 그렇게 행하고 계십니다. 그렇지만 일각에서는 예쁘고 잘생긴 외모를 우선적으로 채용한다는 얘기도 있습니다. 이에 대한 견해는 어떻습니까?

A : 일부가 아니라 대부분 그렇게 생각합니다. 솔직히 그 문제는 내가 아무리 아니라고 하더라도 인식을 바꿀 수 없습니다.

사실 이런 말하기 그렇지만, 민토에서 일하는 친구들을 자세히 보면 그렇게 이쁘지 않습니다. 그런데 이뻐 보입니다. 그렇다고 전혀 인물을 안 본다고 하는 것은 아닙니다. 하지만 이쁜 사람만 위주로 채용하지는 않습니다.

그런데 왜 이뻐 보이느냐고 묻는다면, 민들레 영토의 유니폼을 입고 있고, 반듯한 자세로 웃으며 적극적으로 일하니, 이뻐 보일 수밖에 없습니다. 부분적으로 인상이 좋은 친구들이 있습니다. 그 친구들이 유독 고객들의 눈에 띄기 때문에 이뻐 보이는 것 같습니다. 이런 질문을 많이 받든 안 받든 실제로 많은 분들이 그렇게 생각합니다. 이 문제에 대해서 내 업보로 생각합니다.

Q : 최근에 민토에 가서보니 문화비가 많이 올라 있었습니다. 올리신 특별한 이유가 있었습니까?

A : 가능하면 돈을 적게 받고 대학생들에게 많은 서비스를 해드렸으면 하는데, 빕스가 들어와 히트를 치고, CGV와 스타벅스가 들어오자 고객들이 많이 그쪽으로 가고 있습니다. 예를 들어, 고객의 흐름을 보면 처음에는 마르쉐 갔다가, TGI 갔다가, 아웃백 갔다가, 빕스 갔다가, 베니건스 갔다가 이제 청담동으로 빠져나가고, 커피 숍도 처음에는 스타벅스 갔다가, 커피 빈 갔다가, 파스쿠치 갔다가 이제는 새로운 스페셜 티로 갑니다.

전세계의 기업들이 쏟아지는데, 고객들은 흑백 TV를 보는 것은 아닙니다. 이 고객들이 인테리어·제품·서비스를 원합니다. 그래서 민토 역시 양질의 서비스를 하기 위해 원가 상승이 올 수밖에 없었습니다.

민들레 영토는 삼성이나 LG가 하는 회사가 아닙니다. 난 어떻게 생각했느냐 하면 고객들이 나랑 같이 고통을 분담함으로써 한 차원 높은 서비스를 받을 수 있고, 또 이렇게 해야만이 최상의 서비스를 유지해서 민족 기업을 이끌어 갈 수 있기 때문입니다.

Q : 지점이 여러 군데 생기면서, 그 여러 군데 지점들이 그냥 일반 카페와 별반 차이점을 못 느끼게 된 곳도 있다고 합니다. 기업의 첫번째 목적인 이윤 추구가 곧 생존을 의미하기에 점점 현실과 결탁한 하나의 기업이 되지 않겠는가 하는 우려의 목소리도 있습니다. 이에 대한 견해는 어떻습니까?

A : 가맹점 관리를 잘 하지 못한 것은 나의 실수였습니다. 맨 먼저 사람의 마음을 알아야 되는데, 다른 사람이 나 같았을 줄 알았다는 점, 두 번째는 몇몇 점주들이 나에게 잘 할 수 있다고 얘기한 것을 그대로 믿었다는 것, 세 번째로 충분히 교육을 못 시킨 것, 네 번째로 그것을 철저히 관리하고 방어할 수 있는 것을 해놓지 못했다는 것입니다.

그 문제점의 이유는 첫번째로 이미테이션 민들레 영토가 나오면서 적절한 견제가 필요했습니다. 두 번째로 우리 나라에 엄청나게 많은 다국적 기업이 들어왔습니다. 파워가 비슷해 서로 맞붙어 겨루지 않으면 안 됐습니다.

사람들이 아무리 좋아도 지상파 방송을 선호하지 케이블 방송
은 잘 안 보지 않습니까? 그런 것과 마찬가지로 수에서 한번 밀
리면 사람들이 외면할 가능성도 있습니다. 사실 TGI가 맛 없는
것도 아닌데 TGI 맛 없어 하는 그 이면에는 거꾸로 TGI는 맛 그
대로입니다. 그런데 아웃백이 막 치고나가고 공격적으로 마케팅
하니 아웃백이 더욱 맛있어 보이는 지능적인 것도 있습니다.

그런 의미에서 민들레 영토를 확장해야 될 분위기가 있었고,
고객들도 원하는 부분이었고, 나도 나이가 들어감에 따라 조급
함이 있어 실수한 측면이 있습니다. 내 얘기 속에 한 가지 수긍
할 것이 있다면, 문제를 결코 과장하거나 은폐하지 않는다는 점
입니다. 지금 그 문제를 어떻게 극복할 수 있을까 고민하고 있습
니다.

Q : 외식업에 기업들도 발전하지만 고객들 역시 원하는 수
준이 높아진 것 같습니다. 이 점을 어떻게 보십니까?

A : 2002년 월드컵 이후로 국민들이 글로벌한 마인드를 가
졌습니다. 고품격 + 개성을 원합니다. 그런데 그것은 고
비용이 들어갑니다. 경기는 어려워지고, 인구는 줄고, 특히 외국
기업들이 들어왔습니다.

그렇다면 민들레 영토는 어떻게 갈 것인가 생각했습니다. 결론 끝에 저비용 저품질로 가지 말고, 고품격으로 가되 적정 비용으로 가야 한다고 판단이 되어 저가 정책은 포기했습니다. 우리가 지향하는 것은 이제 적정 비용 고품질입니다.

중산층이 해체된 이 시점에서 청담동의 명품 시장과 저가가 판을 치는 시장으로 나누어졌는데, 우리는 3~5년 후의 시장을 바라보고 잡은 것입니다. 저가 시장에 오는 시장 기업은 결국 수명이 오래 못 갑니다.

먼 미래를 볼 때에는, 지혜로운 사람들은 자기가 노력한 만큼 적절하게 지불하고 거기에 맞게 대접받는 것을 원하고 있기 때문에, 적절 비용 고품격으로 차별화시켜야 합니다. 나는 지혜로운 소비자의 힘을 믿습니다.

Q : 젊은이들에게 인생의 선배로서 해 주시고 싶은 말씀으로 마무리를 짓겠습니다.

A : 젊음은 나중에 피눈물이 나도록 그리워할 만큼 너무 소중한 것입니다. 그 젊은 시절을 너무 맹숭맹숭하게 보내면 안 됩니다. 대충대충한다면 결코 세상은 이루어지지 않습니다. 반드시 또 다른 시간의 광야로 나와 자신을 자각해야 됩니다.

주몽이 대충대충 살다 그의 형이 목숨을 뺏어가려는 사실을 안 순간에서 내가 누군가인가를 자각하게 됩니다. 그리고 그 때부터 치열하게 살아갑니다.

청년 때는 자각이 제일 중요합니다. 또 중요한 것은 깊어야 되고, 아주 순수해야 됩니다. 깨달았는데 '이 더러운 세상, 내가 이용하고 정복할 거야' 결심하면 그 사람은 오래 못 갑니다. 깨달았음에도 불구하고 아주 낮게 구체적으로 시작해야 됩니다. 그 곳에서 더 많은 것을 볼 수 있습니다.

연기자들을 보면, 스타를 꿈꾸는 아이들은 배우 역할이 안 주어지면 연기를 안 합니다. 그 친구들은 언제나 TV 방송국에서 자기를 먼저 불러야 된다고 생각합니다. 하지만 연기가 목적인 사람은 단역이든 무슨 역이든 맡습니다. 그 친구에게는 연기가 중요한 것입니다. 그런데 인기를 중요하게 여기는 사람은 결국 언젠가는 그 인기가 떨어집니다.

우리가 살고 있는 세상에서 생각보다 중간에 수많은 좌절과 아픔이 많을 텐데, 꼭 이겨나가야 합니다. 그러므로 젊은이들은 지금 가지고 있는 진정성과 순수성을 놓지 말고, 포기하지 않는 상태에서 꾸준히 헤쳐나가 하나의 작품이 되시기를 바랍니다.

이 범

온라인 교육

| 이 범 |

· 서울대학교 분자생물학과를 졸업, 동 대학교 대학원에서 과학사 및 과학철학 석사 과정을 거쳐 박사 과정을 수료하다.
· 메가스터디 창립 멤버이자 기획이사 겸 강사를 역임하였으며, 몇 년 동안 과학 탐구 과목에서 최다 수강생들을 기록하여, 명실상부한 우리 나라 최고의 강사 로 이름을 날렸다. 은퇴할 무렵, 연봉 18억 원을 기록하여 세상 사람들을 놀라 게 했다.
· 2003년 학원가를 은퇴하고, 이듬해 2월 무료 강의를 선언하면서 학원계와 교육 계에 신선한 충격을 던졌다.
· 현재 인터넷 무료 강의 사이트 곰스쿨의 사업총괄이사로 재직.
· 저서로는 《이범, 공부에 反하다》《화학1》《생물1》《물리1》《지구과학1》 등이 있다.

| 이 범/온라인 교육 |

Q : 선생님께서 학원 강사에서 은퇴하실 무렵 연봉이 18억 원으로 유명하셨습니다. 그렇지만 그 자리에 오르시기까지 치열한 노력의 과정이 있었을 것 같은데, 그 이야기를 해 주시겠습니까?

A : 과정의 노력을 많이 했다기보다 스킬셋이 유리했습니다. 과학고등학교를 거쳐 서울대 자연대를 나와, 서울대학원 석·박사 과정에서는 과학사와 과학철학을 전공했습니다.

내용적인 측면에서는 물리·화학·지구과학·생물을 두루두루 깊이 있게, 적어도 고등학교 과정을 소화하는 데 무리가 없을 정도로 했습니다. 사실 나 같은 사람이 별로 없습니다. 대부분 사람들은 한 분야만 잘 압니다.

두 번째로, 대학교·대학원 다닐 때는 후배 교육을 굉장히 많이 했습니다. 그 당시에는 내가 아는 방식이나 흐름대로 되어 있는 책자가 없었습니다. 그렇기에 어떤 순서와 흐름으로 접근시켜야 내가 원하는 수준에 후배를 이해시킬 것이냐를 놓고 상당히 정교하게 연구하게 되었습니다. 그래서 고등학교 교과 과정을 돌파하게 되었고, 대학원 전공이 과학사와 과학철학이다 보니 다양한 배경이나 역사적 흐름까지 알게 된 상태에서 후배들을 꾸준히 가르쳤습니다.

그리고 내가 만족스런 수준으로 가르침이 될 때까지 커리큘럼을 만들고, 세미나를 주최한 것이 잘 결합이 되어 학원가에 잘 맞아떨어지게 되었습니다. 나보다 더 노력을 치열하게 한 프로 강사분들도 많았지만, 학원 강사 이전에 준비했던 대학교와 대학원의 스킬셋이 교육업계에 들어온 순간부터 결과적으로 위력을 발휘하게 된 것 같습니다.

Q : 지금은 시대가 바뀌었지만 그 당시 박사 과정을 거치면서 학원 강의를 하는 데 주위 시선들이 부담스럽지 않으셨습니까?

A : 우선 내 성장 환경이 거친 편이었습니다. 평범한 중산
층 이상의 환경이었는데, 지금은 부모님의 사이가 좋지만 그 당시에는 사이가 좋지 않아 대학 다닐 때부터 등록금을 제외한 나머지 생활비를 비롯해 집값, 다른 활동에 들어간 경비를 주로 과외를 하면서 내가 다 해결했습니다.

그런 게 익숙해지니까 내 나름대로의 기준대로 판단해서 이 일을 할 거냐 말 거냐 하는 판단이 자연스러웠습니다. 사실 대학 가기 전부터 부모님께서 학과 선택이나 진로 선택을 전적으로 내가 하고 싶은 쪽으로 하게 자율성을 주셨습니다. 그렇다 보니 일을 선택함에 있어 과감하게 주위 시선에 자유로웠던 것 같습니다.

Q : 선천적으로 공부를 잘 하신 것 같습니다. 선생님께서
는 자신을 어떻게 평가하십니까?

A : 그렇지도 않습니다. 초등학교 들어갔을 때 제일 잘 했
는데, 졸업할 때는 반에서 10등 가까이 했습니다. 그렇게 극히 잘 한 것은 아닙니다. 중학교에 들어갔을 때부터는 계속 전교 1등만 했습니다.

지금 와서 생각해 보면 책을 많이 읽어서 그랬던 것 같습니다. 심지어 초등학교 들어가서부터 워낙 독서량이 많았기 때문에 그

게 밑거름이 되어 중학교 공부가 어렵게 느껴지지 않았던 것 같
습니다. 왜냐 하면 이미 초등학교 때 신문이나 독서 활동을 통해
어른스러운 글과 표현을 읽고 해석하는 능력이 꾸준히 자리잡혔
기 때문입니다.

Q : 한 분야의 업을 이루신 분들의 공통점 가운데 하나가
폭넓은 독서인 것 같습니다. 선생님께서도 이 점을 인정
하십니까?

A : 중요합니다. 인문학 교육이 필요한 게 바로 새로운 일
을 할 수 있는 영양분입니다. 학과 공부만 열심히 해서
특정 분야에 일을 잘 할 수 있겠지만, 그 이상의 무언가는 힘듭
니다.

Q : 그 이상의 무언가는 어떤 것을 의미하십니까? 좀더 구
체적으로 말씀해 주시겠습니까?

A : 새로운 영역은 무언가 기존에 없었던 것을 창조하거나,
기존에 있었던 것을 퓨전시킴으로 만들어진 것인데, 그

런 상상력이나 열의는 인문학적인 기반과 밀접하게 연관된다고
보고 있습니다. 물론 필수적인 것은 아니지만, 적어도 통계적인
관점에서 상관 관계가 있다고 보고 있습니다. 미국 CEO들 중 50
퍼센트는 철학이나 인문학과 관련된 분들입니다.

Q : 학원업계에서 정상에 계시다가 돌연 은퇴하셨습니다.
그 이유를 많은 사람들이 무척 궁금하게 여겼는데, 설
명해 주실 수 있겠습니까?

A : 난 학원 강사하면서 처음부터 1등해 봐야겠다고 생각
한 적이 한 번도 없었습니다. 그런데 어느 날인가부터
과학이란 과목에서 1등을 했습니다.

비교적 짧은 기간에 학원업계에서 겪을 수 있는 일을 압축적으
로 거의 다 해 봤습니다. 박사 과정에 있을 때는 연합반 파트에
풀 타이머로 시작해서 분당과 대치동에서 1등을 해 봤고, 메가스
터디를 만들어 봤고, 온라인 기업이 확 성장하는 것도 봤고, 돈
도 손주은 선생님 다음으로 몇 년간 우리 나라의 전체 학원 강
사 중에 소득 랭킹 2위였으니, 벌 만큼 벌어봤습니다. 그래서 다
겪을 만큼 겪었기에 은퇴할 수 있었던 것 같습니다.

Q : 지금도 교육업계에서 상담을 많이 나누실 텐데, 선생님
께서 보시기로는 공부를 잘 하는 사람의 특징은 어떻습
니까?

A : 비판적 사유가 강합니다. 스스로의 사고에 대해 비판적
이다, 이것 굉장히 어렵습니다. 공부 제일 잘 하는 사람
의 특징은 자기 자신에 대해 비판적입니다.

시간 관리를 철저히 하고, 목표를 왜 도달하지 못했을까? 이런 고민의 의미가 아니라, 자기가 문제를 접근하는 방법이나 공부하는 방법이 가장 효율적인가? 내가 지금 주어진 여건이나 상황에 어울리는가? 내가 단원을 이렇게 이해하는데 맞는 방법인가? 예를 들어, 어떤 문제를 풀다가 답이 틀렸으면, 원리를 몰라서 틀렸느냐, 아니면 실수로 틀렸느냐? 이처럼 상당히 자기 자신에게 예리한 비판의 칼날을 들이댑니다. 그렇지 않으면 판단이 잘 되기 쉽지 않습니다.

사람이 자기 자신을 비판적으로 보기 어려운 일인데, 공부 제일 잘 하는 사람을 보면 어떠한 경우로든 자기 자신에게 비판력을 갖고 있습니다. 고3생들을 상담해 보면 알 수 있는 게, 많은 수험생들이 몰라서 틀린 것을 실수로 틀렸다고 생각합니다. 그 수험생들은 자신들에게 비판 능력이 없어 공부를 못 할 수밖에 없습니다.

Q : 많은 대학생들이 적성에 맞지 않는 과를 가서 적응을
못 하는 경우가 종종 있습니다. 적성에 맞는 과를 찾는
것도 대학 생활에 있어 큰 축복일 것 같습니다. 적성을 빨리 발
견하는 방법은 없겠습니까?

A : 적성의 발견은 자유를 통해 나온다고 봅니다. 자유롭
게 사고하고 실천해 봐야 이게 끌린다, 저게 끌린다가 발
견되는 것입니다. 여러 가지를 해 봐야 내 적성에 맞는 것을 발견
하는 것인데, 요즘 학생들은 기회가 많이 없습니다. 학습 과정 자
체도 학교나 학원 다니는 것 외에 무엇이 있겠습니까?

이런 시대에는, 여전히 이과에서 공부 잘 하는 학생들은 의대
가는 것이 당연시되는 상황일 수밖에 없습니다. 예를 들면, 수학·
과학경시대회에서 우리 나라 국가 대표로 뽑힌 학생들도 의대로
많이 가고 있습니다. 우리 나라의 학습하는 과정이 좀더 자유로
웠다면 그 친구들이 물리학에 재미를 느끼고 더 깊이 있게 공부
해야겠구나 하는 생각이 들면서 자연스레 물리학이나 기초과학
을 전공했을 것입니다.

그러나 그것이 아닙니다. 올림피아드 입시 대비 전문 학원에서
열심히 배운 친구들입니다. 물론 국가 대표를 할 정도로 성취도
가 매우 높은 학생들이지만, 자신들의 학습이 자유롭지 않았기
때문에 이 분야에서 내가 죽도록 뭔가 해야겠구나 하는 생각이

별로 안 들고, 이것을 통해 인정받은 실적을 이용해서 의사를 해야겠구나 하는 생각이 들기 때문에 이 상황이 황당한 경우입니다.

Q : 앞으로 추세가 변화되지 않겠습니까? 어떻게 보십니까?

A : 당장은 변화되기 힘들다고 보고 있습니다. 고용 불안정이나 비정규직이 많아지는 문제가 전세대적으로 발전 가능성을 저해하는 것입니다. 그러니까 대다수가 의사·변호사·교사·공무원 등 비교적 안정된 직장과 고소득의 봉급 생활자가 되려고 노력하는 것이 아닙니까?

옛날 같으면 다른 분야로 가 도전적으로 시도해 봐야 할 젊은 이들이 의사·변호사·공무원하려고 몰려 있는데, 외환 위기 이후에 우리 나라가 급속도로 변화하니 고용이 불안정해서 젊은이들은 그런 식으로 반응할 수밖에 없습니다.

그래서 지금 의사·변호사·공무원 등의 경쟁률이 엄청 치열한데, 못 되는 사람은 황금 같은 젊은 시기에 엄청난 비용과 시간을 낭비할 수밖에 없습니다. 지금 대기업에 다니는 사람도 그만두고 공무원 시험 준비를 한다고 하는데, 말 다한 것 아닙니까?

우리 나라가 노동 유연성이 미국 다음으로 세계 2위입니다. 노동 유연성의 척도는 해고입니다. 그런데 일부에서는 더 유연하게 하자고 말하는데, 이 시점에서 재벌 체제를 인정해 주고 그 대신에 고용을 안정화시켜 주는 사회적인 대타협이 시급히 필요합니다.

Q : 대학 입시에 대해 말들이 많습니다. 어떻게 생각하십니까?

A : 우리 나라의 대입 기준으로 봤을 때 두 가지 이슈로 생각할 수 있는데, 그것은 공정성과 사회적 부담 경감입니다. 사회적 부담 경감이 이슈가 되는 이유는 우리 나라가 사교육비 지출 세계 1위이고, 서민 경제를 많이 갉아먹는 요소입니다. 정부가 2004년에 내신으로 대학 가겠다고 발표했는데, 물론 정부 안대로 되지 않았지만 사교육비 부담 더 키웠습니다.

2005년부터 고 1~2학년 대상 중 소규모 전문 내신 학원이 엄청난 호황을 누렸습니다. 대학이 평준화되어 있는 프랑스도 내신을 참조는 하지만 중심은 아닙니다. 학교별 학력 격차가 심한데, 그걸 보장 안하고 반영하면 공정하지 않습니다. 또 예를 들면, 본고사는 어려운 시험입니다. 지금 본고사되기만 기다리는 학원이나 사람들이 많습니다. 그렇게 되면 시장이 확 커집니다.

사교육비를 늘리는 방법은 딱 두 가지입니다. 첫째는 시험이 어려워지는 것이고, 둘째로 여러 가지 전형 요소를 합산하는 것인데, 이렇게 하면 사교육비가 증가됩니다. 지금 죽음의 트라이앵글인 논술·수능·내신을 다 잘 해야 된다며, 이것을 최악의 입시 제도라고 하는데 말이 되는 게, 여러 가지 요소를 동시에 대비함에 있어 그럴 수 있는 사람이 현실적인 여건상 사교육비를 많이 쓸 수 있는 사람입니다.

Q : 사회적 부담 경감 차원에서 사회 기여 소명을 갖고 무료 온라인 강의 곰스쿨 사이트를 오픈하신 것으로 알고 있습니다. 한 마디로 오픈하신 이유를 말씀해 주시겠습니까?

A : 민간 EBS가 되는 게 목표입니다.

Q : 앞으로의 교육 방향에 대한 모델을 얘기해 주실 것을 기대하며 인터뷰를 마치도록 하겠습니다.

A : 현재 우리 나라의 교육은 지식 전수형 교육입니다. 궁극적으로 지식 전수형 교육에서 선진국 교육 모델인 의

사 소통형 교육으로 넘어가야 합니다.

미국은 읽기·쓰기·말하기가 교과 과정과 긴밀히 연결되어 있습니다. 그리고 수업에 대한 학생들의 참여도가 훨씬 높습니다. 지식 전수형에서는 학생이 앉아서 이해하고 필기하는 데 그치고 맙니다. 하지만 의사 소통형 교육으로 가면 정보를 흡수하고 정리하고, 자기 자신의 시각이나 관점에서 비판적으로 돌아보고, 거기에서 내려진 긍정적인 결론을 써보고 발표하기도 합니다.

이러한 교육은 이미 선진국에서는 초등학교 때부터 일상화된 것입니다. 우리 나라가 진정한 선진국으로 가기 위해서 필요한 당면 과제입니다.

interview 14
박승안
자 산 관 리 전 문 가 PB

| 박승안 |

- 연세대학교 경영학과를 졸업한 뒤, 미국으로 건너가 피츠버그대학교 마케팅 과정을 수료하다.
- 삼성증권 야너스 클럽 웰스 매니저 팀장, 이화여자대학교·〈중앙일보〉 재테크위원, KBS TV 경제비타민 자문위원을 맡다.
- 현재 우리은행 프라이빗 뱅킹센터 투 체어스의 마스터 PB팀장으로 재직.
- 박찬호·박지성 등 유명 스포츠 선수 및 다양한 분야의 거액 자산가 전문 자산관리를 하고 있으며, 외교통상부·전경련·의사협회를 비롯해 각 백화점 문화 센터와 대학 등에서 재테크 강연을 활발하게 하여 각계 각층의 열렬한 박수를 받고 있다.
- 저서로서는 부인과 함께 펴낸 《우리 아이는 노블레스 키드》가 있다.

| 박승안/자산 관리 전문가 PB |

Q : PB를 하시게 된 계기가 궁금한데, 그 이야기를 해 주시겠습니까?

A : 솔직히 말씀드려서 PB가 되어서 무엇을 잘 보겠다는 거창한 사명감을 가지고 이 일을 시작한 것은 아닙니다. 내가 외아들인데, 부유하지는 않아도 부모님·와이프·딸아이하고 화목한 가정을 꾸려나가던 중 2000년대 초 아버님께서 뇌출혈로 쓰러지셨습니다. 그 이후 장기간 병마에 시달리셨는데, 일이 엎친 데 덮친 격으로 어머님께서 금전적인 어려움을 겪게 되는 일까지 생겼습니다.

그냥 샐러리맨으로 직장 생활을 해 온 나로서는 혼자서 이런 부모님의 갑작스런 상황을 감당한다는 것이 쉬운 일은 아니었습

니다. 최선을 다해서 착실하게 직장 생활을 10년 넘게 해 왔는
데도 불구하고 이런 어려움을 겪으면서 내가 할 수 있는 일에 한
계를 느끼게 되었습니다.

그러면서 그 동안 '내가 회사라는 조직 안에서 온실 속의 화초
처럼 보호를 받으며 살아와서 30대 후반이 되도록 세상에 대해
제대로 알지 못하고 있구나' 하는 두려움을 가지게 되었습니다.
그래서, "더 늦기 전에 온실 속 화초에서 벗어나서 좀더 세상을
알 수 있는 일을 해 보자!" 라고 생각하여 영업 업무를 시작했는
데, 그것이 바로 PB 비즈니스를 하게 된 계기입니다.

그래도 돌이켜보면 그 동안 내가 이런저런 이유로 해서 여러
회사에서 일하면서 다양한 업무를 경험하게 되었던 것들도 모두
지금 PB를 하고 있는 기반이 되었던 것 같습니다.

Q : 여러 회사에서 다양한 업무를 경험하셨다는데, 지금
이야 직장을 자주 이동하는 것이 경력 관리를 위해서
좋게 인식되지만, 90년대만 해도 직장을 자주 옮긴다는 것이 현
실적으로 쉽지 않았을 것 같습니다. 어떤 다양한 업무를 경험하
셨습니까?

A : 지금이야 직장을 자주 이동하는 것을 이상하게 보지 않지만 내가 직장을 옮길 때만 해도 직장을 자주 옮긴다고 하면 뭔가 문제가 있는 거 아닌가 하고 색안경을 끼고 보는 시기였습니다.

하지만 여러 번의 직장 이동 중 상사나 동료하고 문제가 있거나 잘못한 일이 있어서 이직한 경우는 한 번도 없었습니다. 물론 때로는 자의가 아닌 타의에 의해서 이동을 한 경우도 있었지만, 그런 경우보다는 하고 있는 업무에 안주하지 않고 뭔가를 새롭게 해 보고 싶은 마음이 앞서다 보니까 여러 번 직장을 이동하게 된 것 같습니다.

1988년 현대자동차 기획실 근무를 시작으로 90년대 초, 고 정주영 회장님의 정계 진출 시기에 선거 관련 실무 업무를 잠시 하게 되었습니다. 이 두 가지 업무를 하면서 젊은 나이에 높은 분들을 가까이 모실 수 있는 기회를 가질 수 있었고, 그분들로부터 많은 것을 보고 배울 수 있었습니다. 추진력을 가지고 일을 한다는 것이 어떤 것인지도 깨닫게 되었습니다.

그리고 93년부터 2년 동안 현대증권 조사부에서 기업 투자 분석 업무를 했는데, 요즘으로 말하면 애널리스트 일을 한 것입니다. 이 때가 기업을 분석하는 노하우에 대해 공부할 수 있는 값진 시기였습니다.

삼성 그룹에서 자동차 사업을 신규로 시작하면서 현대자동차 업무 경험으로 인해 입사 제안을 받게 되었습니다. 그래서 삼성 자동차로 옮겨 상품 기획 및 마케팅 업무를 시작했는데, 이 때 컨셉이란 개념에 대해서 제대로 알게 되었습니다. 무슨 일을 하든지 일을 시작할 때 컨셉을 얼마나 명확하게 정립하느냐가 매우 중요하다는 것을 알게 되었습니다.

그리고 삼성자동차에서 대외 관공서 업무 담당을 하던 시기를 통해서는 홍보가 얼마나 중요한 것인지, 또 평상시에 사람과의 관계를 유지하는 것이 얼마나 중요한지를 인식하게 되었습니다.

삼성자동차가 르노로 인수되면서 99년도 그룹 관계사인 삼성 증권으로 전근을 신청해서 가게 되었고, 영업 전략과 금융 상품 담당으로 일을 했습니다.

리테일 영업 전략을 수립하고, 또 직원들의 성과와 평가 관리 등의 업무를 하면서 영업 활동 전반에 대한 이해의 폭을 넓히는 계기가 되었습니다. 내가 원했든 원하지 않았든 이런 다양한 업무 경험을 통해서 값진 경험을 많이 했습니다. 이런 경험 하나하나가 지금 PB 활동에 정말 많은 도움이 되고 있습니다.

Q : 30대 후반까지 직장 생활의 대부분을 스태프로 일하시다가 늦은 나이에 영업하시기가 쉽지 않다고 생각됩니다. 그 당시의 어려웠던 문제점들을 말씀해 주시겠습니까?

A : 제일 어려운 것은 손님을 유치하는 것이었습니다. 지금은 많이 나아졌지만 제가 처음 PB를 하겠다고 나섰던 당시만 해도 PB라는 직업에 대해 제대로 인식이 되어 있지 않은 시기였습니다.

그러다 보니 고객들에게 다가가기가 쉽지 않았습니다. 더구나 증권 회사에서 PB를 한다는 것은 더더욱 어려웠습니다.

증권회사 그러면 왠지 주식 투자가 연상이 되고, 그러다 보면 위험한 것 아닌가 하는 선입관들이 많으셔서 은행에 비해 PB 활동을 하기가 쉬운 환경은 아니었습니다.

더욱이 은행은 고객들이 걸어서 찾아오시는 경우가 많은 반면, 증권회사의 경우는 고객을 유치하러 찾아다녀야 하는 경우가 많습니다. 처음에 영업에 대해 잘 모르고 열심히 하겠다는 의욕만 앞설 때 많은 시행 착오를 겪기도 했습니다.

아직까지도 생생하게 기억이 남는 것은 처음 영업을 시작한 2002년 초 그 추운 겨울에 찾아오시는 고객은커녕 찾아갈 고객도 없는 상황에서 고객을 유치하기 위해 강남대로와 테헤란로를 하염없이 걸어 다녔던 일입니다.

어쨌든 고객을 만나야 내가 어떤 사람인지를 알려 드릴 텐데 돈 많은 고객을 만나다는 것이 정말 쉽지 않더군요.

그렇게 1년 동안 고생하면서 열심히 일한 결과가 2003년부터 조금씩 성과로 나타나기 시작했고, 2004년도에 영업 실적이 잘 나왔다는 인정도 받았습니다. 늦게 영업을 처음 시작한 케이스로는 잘 한 것으로 평가를 받게 되었습니다.

돌이켜보니 처음 PB를 시작할 때 고객 유치에 고생을 했던 많은 경험들이 지금의 나를 있게 해 주었고, 어떤 상황에 처하더라도 자신감을 가지고 극복할 수 있는 힘의 원천이 되는 것 같습니다.

Q : 회사를 다양하게 거치시면서 많은 임원들을 보아오셨을 것 같습니다. 그들에게 공통적인 특징이 있다면 어떤 것이 있습니까?

A : 일부 사람들은 "어떻게 저런 사람이 임원이 되었나?" 라고 이야기하는 경우도 있지만, 그분들이 임원까지 올라갈 때는 우리들이 모르는 그분들만의 장점이 반드시 있다고 생각합니다. 운이 좋아서 임원이 되었다면 운도 능력이고, 그 운이 그분한테 올 때까지 어떤 방법으로든 노력을 했기 때문에 운이 그분한테 왔다고 봅니다. 절대로 어부지리로 임원이 되신 분들은 한 분도 없다고 생각합니다. 제가 보아오고 모신 많은 임원 들의 공통된 특징은 첫번째, 열정입니다. 일을 할 때 열정을 갖고 하는 사람과 그냥 적당히 하는 사람은 어떤 형태로든 차이가 나는 것 같습니다.

관점에 따라서 다르겠지만, 직급이 대리이든 과장이든 임원이든 열정이 있다는 것은 오너십이 있다는 얘기와 같습니다. 오너십이 있다는 것은, 내 일에서 내가 주인이기 때문에 자기 일에 대해 누가 하라고 하든 안 하든 최선을 다하고, 결국 그 일의 성과를 내게 됩니다.

두번째, 시간의 중요성을 인식하고 계십니다. 1시간을 일할 때 사람에 따라 그 일한 가치가 다양할 것입니다. 임원까지 오르신 분들을 면밀히 살펴보면 하루의 단 1분도 헛되이 보내시는 경우가 거의 없습니다.

마지막으로 철저한 준비입니다. 학창 시절 시험을 치르기 위해 철저하게 공부를 하고 간 사람하고 그렇지 않은 사람과 결과의 차이가 나듯이, 임원들의 공통점은 우리가 생각하지도 못한 부분까지 철저하게 준비하신다는 점입니다. 심지어는 젊은 직원들과 잘 어울리시기 위해 자동차 안에서 최신 가요를 듣고 따라 부르는 준비까지 하시는 분들도 계십니다.

Q : 박찬호 선수와 박지성 선수의 자산 관리를 해 주시는 분으로 세상에 알려지셨습니다. 거기에 따른 부가 가치나 알파는 없었습니까?

A : 저는 기본적으로 당장 눈앞에 보이는 이익을 생각하지
않습니다. 당장 눈앞에 이익을 보다 보면 고객에게 꼭 필요한 투자 제안보다는 수수료가 비싼 상품을 추천해서 성과급을 많이 받으려는 잘못을 범할 수도 있습니다. 그래서 박찬호 선수이든, 박지성 선수이든, 저의 모든 고객들에게 세 가지 신념을 염두에 두고 일하고 있습니다.

첫번째는 좋은 만남, 두 번째는 진실된 배려, 세 번째는 좋은 만남과 진실된 배려를 통해 자연스럽게 모두가 함께 윈윈하는 것입니다.

박찬호 선수 같은 경우에는 2002년 텍사스 레인저스로 옮기면서 엄청난 연봉을 받았고, 국내 모든 금융 기관이 그 당시 고객으로 유치하고 싶어했던 선수입니다. 나도 그 중 한 사람이었지만, 나는 "박찬호 선수를 통해 돈을 많이 유치하고 좋은 성과를 내어 그 대가로써 개인 성과급을 많이 받겠다" 라는 이런 마음을 가지고 시작하진 않았습니다.

내가 박 선수에게 제안했던 것은, "박찬호 선수가 지금은 최고의 선수이지만 스타라는 것이 평생 지속되는 것은 아니지 않으냐? 그렇기에 단순히 지금 당장 눈앞에 보이는 이익에 연연해하지 말고, 박찬호 선수의 은퇴 후 계획까지 같이 고민해 보자"였었고, 당장 고객으로 유치하겠다는 생각보다는 지속적으로 함께 할 것이라는 믿음을 주면서 박찬호 선수와 좋은 관계를 계속해 맺는

것을 더 중요하게 생각했습니다.

시간이 걸리지만 이런 신뢰는 언젠가 고객들이 필요로 하는 시점에 나를 찾으시고 이것이 계기가 되어 진정한 고객 관계가 시작됩니다.

이런 방법은, 내가 PB 활동을 시작한 초기 처음 만나는 분들께 무조건 "좋은 금융 상품 있으니 투자하시죠"라고 제안을 하면 고객이 되는 경우가 많지 않았지만, 시간이 걸리더라도 고객이 나에 대한 신뢰를 형성하게 되면 예기치 않게 나에게 먼저 연락을 하시고 소중한 고객이 되어 주는 사실을 경험을 통해 알게 된 것입니다.

당장 눈앞에 보이는 '고객 유치' 목적보다는 좋은 분과 좋은 만남을 가진다는 생각으로 좋은 정보를 제공해 드리고 진실된 배려를 한다면 언젠간 그 진심이 고객에게 전달이 되는 것 같습니다. 이런 신뢰가 쌓이면 고객으로 유치하는 것은 물론이고, 그분들의 요청에 내가 알고 있는 모든 네트워크를 총동원하듯이 그분들도 나를 위해 그분들의 네트워크를 활용해 주시는 윈윈 관계가 형성됩니다. 부가 가치나 알파라고 말하라면 이런 좋은 관계들이 아닐까요?

Q : PB의 역할 중 하나가 자금 유치입니다. 실적을 내야
하는 자리이기에 여유를 갖는다는 말이 쉬운 얘기는 아
닌데, 어떻게 대처하고 계십니까?

A : 그 부분에서 한 발짝 여유를 갖고 PB 활동을 하는 것
은 결코 쉬운 것이 아닙니다. 영업이라는 것이 단기간에
성과가 나와야 되는데, 내가 선택한 방식은 이런 부분에서 이상
과 현실이 상충된다고 할 수 있죠. 지금 당장은 고객이 되기 어
렵더라도 꾸준히 만나고 진실하게 배려하다 보면 늦어도 2~3년
후에 좋은 고객이 될 것이라는 확신이 드는데, 실적이라는 스트
레스 때문에 무리하게 고객으로 유치하려는 경우도 있습니다.

그러나 이런 의도를 가지고 고객을 대한다면 1~2번 정도는 돈
을 유치해서 고객이 될 수도 있을지 모르지만, 신뢰를 바탕으로
서로 윈윈할 수 있는 좋은 관계는 형성되기 어렵습니다. 어렵고
힘들더라도 고객과 PB로서의 관계가 아니라, 그냥 좋은 사람과
좋은 사람이 만나는 관계로 생각하고 행동하고 있습니다.

실은 내가 금융 전문가로서 고객한테 투자 정보를 드리고는 있
지만, 부자 고객들은 부자가 되기까지 많은 어려움을 극복하셨고,
부자가 되신 다음에도 부를 유지하기 위한 수많은 노력이 있었기
에 그분들에게 오히려 더 많은 것을 배우고 있습니다.

Q : 부자들을 많이 만나시면서 느끼는 감정이 남다를 것 같습니다. 어떻습니까?

A : 많은 분들이 "내가 백억 원의 재산이 있으면 무엇을 할까?" 상상하잖아요. 하지만 막상 백억 원이 있다면 지금보다 고민은 더 많아질 것이라 생각됩니다. 내가 봤을 때, 실제로 백억 원의 재산이 있는 분이 그것을 절제하고 안 쓰고 잘 유지한다는 것은 쉬운 일이 아닌 것 같습니다.

대부분의 사람들은 "백억 원의 이자만 계산해도 한 달에 얼마인데, 내가 매일 술 먹고 쇼핑해도 되겠네" 라고 쉽게 생각하는데, 그것을 절제할 수 있고 흥청망청 안 쓰시는 분들이 부자들입니다.

내가 문화 센터 등에 재테크 강의를 나가는데, 정말 재테크가 필요한 일반인들보다 재테크가 필요 없는 부자들이 많이 들으러 오십니다. 이분들은 이런 재테크 강의 안 들어도 평생 사실 수 있는 걱정이 없는 분들인데도 불구하고 굉장히 열심히 듣습니다. 그만큼 부자들이 더 열심히 하니 부자일 수밖에 없는 것 같습니다.

최근에는 20대들도 재테크에 관한 책을 많이 사서 봅니다. 그 당시에는 스스로를 반성하고 앞으로 잘 해야지 하는 마음도 먹지만 실천을 못 하는 경우가 많습니다. 그런데 부자는 책을 안 사보더라도 삶 자체가 재테크 책 내용과 흡사합니다. 즉, 생활 속에서 실천을 하는 것입니다. 자신이 재산을 일궜던 방식으로, 또 지금 지키는 방식대로 생활화하며 살아가는 것을 보고 '정말 남다르구나' 라고 생각합니다.

Q : PB로서 부자들과 상담을 나누다 보면 그분들의 공통점도 있을 것 같습니다. 우리가 배워야 할 공통점을 이야기해 주시겠습니까?

A : 부자와 관련된 많은 책들이 참고가 될 만한 내용을 담고 있습니다. 하지만 실제 부자들이 가지고 있는 특징 중 첫번째는, 부자들은 생각한 것을 실천한다는 것입니다. 재테크 책 백 권 사서 보고, 투자 사이트 가입해서 백 날 들어가 보면 뭐 합니까? 그것에 대해서 실천을 하는 것이 중요합니다.

두 번째는 투자와 소비에 대한 개념이 아주 명확합니다. 내 고객 중 한 분은 재산이 아주 많으신 분인데, 그분 사무실에 가보면 20년 가까이 된 철제 책상을 사용하고 계십니다. 모르는 사람이 철제 책상을 보면 돈 많은 사람이 궁상맞게 저런 것을 사용하느냐고 생각할 수 있는데, 부자가 되고 싶다면 이런 생각부터 바꾸어야 합니다. 곰곰이 생각해 보면 그분 입장에서 책상은 의미가 없는 것입니다. 실용적으로 잘 쓰기만 하면 되는 것이지요.

책상은 그분 입장에서 소비입니다. 부자들은 소비는 단돈 일

원이라도 절약합니다. 그러나 차는 BMW 타시는데, 그분 입장에서는 생명을 지켜주기에 차는 투자 개념입니다. 많은 사람들은 투자와 소비에 대한 개념이 확실히 정립되지 않은 것 같습니다. 부자들은 돈을 쓰는 데 있어서 소비와 투자의 개념이 명확해 투자라고 생각하면 과감하게 돈을 쓰고, 소비라고 생각하면 단돈 1원도 아끼는 소비 패턴을 가지고 있습니다.

Q : 세상을 보는 눈을 언급하셨습니다. 이 급변하는 세상 속에 살아남기 위해서 우리는 어떤 사람이 되어야 하겠습니까?

A : 세상이 정말 상상을 초월할 정도로 급변하는데, 큰 흐름에 앞서 나가지는 못해도 변하는 흐름을 알고 이에 따라서 대응은 할 수 있어야 한다고 봅니다. 즉, 변화의 흐름에 대해서 이해할 수 있어야 합니다.

또 하나, 어떤 분야에서든 변화하는 세상에서 살아남을 수 있는 방법으로는 나만의 전문 분야를 구축하여 주특기를 가진 스페셜리스트가 되는 것입니다.

그러나 중요한 것은 단순하게 자기 분야에서만 스페셜리스트가 되는 것이 아니라, 창의성을 가진 스페셜리스트가 되어야 합니다. 예를 들어, 반도체의 전문가가 있다고 하면 반도체 전문 분야는 당연히 타의 추종을 불허할 정도의 전문가가 되어야겠지만, 급변하는 변화에 잘 대응하는 좀더 창조적인 스페셜리스트가 되려면 자신의 관련 분야 이외에 다양한 분야에 대한 관심이 필요합니다. 즉, 전체적인 변화의 흐름을 깨닫고 대처하기 위해 주변 사람이나 현상에 대해 오픈 마인드를 할 수 있어야 합니다.

기술 속도가 급속하게 발전함에 따라 언젠가 내 일을 기계가 대신 할 수 있는 날이 올 수도 있다는 것입니다. 이런 커다란 변화도 보편 타당한 것으로 받아들이며, 그것을 통해 앞으로 어떻게 적용해 나가야 할지 아는 창조적인 사람이 이 시대가 원하는 인재상이라고 생각합니다.

Q : 앞으로의 비전을 듣는 것으로 마무리를 짓겠습니다.

A : 현재 내가 하고 있는 PB 업무에 아주 만족하고 있습니다. 그리고 앞으로 평생 직업으로 할 수 있도록 내 스스로가 PB 활동의 영역을 창조적으로 만들어 나갈 계획입니다.

이렇게 되기 위해서는 제일 먼저 내 스스로 PB의 고객이 되어야 한다고 생각합니다. 즉, PB이자 내 스스로가 고객이 되는 것입니다.

백억 원대의 재산가에게 투자 제안을 한다고 하면 나는 적어도 십억 원대 재산을 가지고 고객의 입장의 포트폴리오를 만들 수 있는 창조적인 PB가 되는 것이 목표입니다. 그러기 위해서는 지금부터라도 부자 마인드를 가지고 부자들이 실천하는 작은 것 하나하나까지 닮아 보려 합니다. 부자가 됨과 동시에 나 자신이 훌륭한 PB가 되도록 노력해서 이 일을 평생 직업으로 하고 싶다는 포부를 가지고 있습니다.

interview 15 최순식

영화 & 뮤지컬

| 최순식 |

· 경희대학교 영어영문학과를 졸업하다.

· 서울음반 기획실을 거쳐, 하나음악 기획실장 역임, (주)예전미디어 예우리 기획
  실장 역임, (주)모닝힐 기획이사 역임하다.

· 영화 음악 감독·PD로는 〈나에게 오라〉〈내 마음의 풍경〉〈짱〉〈아나키스트〉〈아카
  시아〉〈어린 신부〉〈제니, 주노〉 등 다수가 있으며, 영화 제작으로는 〈어린 신부〉〈댄
  서의 순정〉〈못 말리는 결혼〉 등이 있고, 뮤지컬로는 〈댄서의 순정〉이 있다.

· 현재 (주)컬처캡 미디어 대표 이사로 재직.

· (주)컬처캡에서 기획 제작한 영화 〈어린 신부〉는 대종상 남·녀 신인상(김래원·문
  근영)을 수상했고, 청룡 영화상에서 여자 인기상(문근영)을 받았다. 〈제니, 주노〉
  는 카이로 국제 영화제 등에서 초청작으로, 〈댄서의 순정〉은 유라시아 국제 영
  화제 경쟁 부문에 선정됨과 동시에, 황금촬영상·최우수 여우상 등을 받았다.

| 최순식/영화&뮤지컬 |

Q : 〈어린 신부〉가 영화로 제작되어, 그것이 데뷔작이셨습니다. 그 무렵, 어려움도 많았다고 들었는데, 지금은 어떻습니까?

A : 우선 내가 대학교 2학년 때부터 음악에 관련된 일을 했습니다. 포크는 양희은 선배님과 작업해 봤고, 시나위와도 음악 작업을 했습니다.

그런데 10년을 해도 포크와 락에 관련된 일을 하다 보니 나만 경제적으로 어려운 게 아니라, 주위에 양희은 선배님이나 포크와 락에 관련하시는 분들이 모두 어려워서 경제적으로 하소연도 할 수 없는 상황이었습니다.

가정이 있는 가장이다보니 수입도 무시 못 해 영화와 관련된 음악 작업을 할 기회가 있어서 했습니다. 영화 음악 작업도 해 보았지만 나아질 기미가 안 보인 상태여서 영화 감독을 해 보기로 했습니다.

그런데 영화 〈어린 신부〉를 촬영할 당시 영화 촬영장에 채무자들이 몰려와 빚을 갚으라고 해서 힘들었지만, 이를 악물고 했습니다. 훗날 이준익 감독님도 〈왕의 남자〉를 촬영할 당시 나와 비슷한 상황이 있었다고 하더군요. 거기에다 집까지 찾아와 빨간 딱지(압류)를 붙여 나를 극한의 상황으로 만든 환경으로까지 몰고 갔음에도 불구하고 가족을 위해서라도 〈어린 신부〉 촬영을 마쳤습니다. 다행히 영화 성적이 좋아 그 당시 12억 원의 빚이 있었는데 16억 원을 벌어 갚았습니다.

Q : 이후에 〈제니, 주노〉 〈댄서의 순정〉였습니다. 올해에는 〈못 말리는 결혼〉을 제작하셨습니다. 영화 제작하시는 일선에서 느끼시는 것이 남다를 것 같습니다. 어떻습니까?

A : 내가 〈제니, 주노〉 〈댄서의 순정〉을 2005년까지 제작하고, 2006년에 영화 촬영을 위한 투자 제의를 받기 위해 알아보니, 그 많던 영화 투자를 위한 돈들이 다 사라졌습니다. 왜 그런가 알아보았더니 2006년에 한국 영화 126편이 나왔는

데 이 중에 손익 분기점을 넘긴 것이 단 5편이었습니다. 나머지 121편은 손익 분기점 이하였는데, 그 이유 중 하나가 2006년에 스타로 인해 표를 구매하는 스타 파워가 확연히 사라진 한 해였습니다.

반대로, 작품성이 좋으면 스타 캐스팅이 약해도 관객들이 알아서 옵니다. 일례로 〈왕의 남자〉와 같은 경우 말입니다.

Q : 영화에서 뮤지컬 〈댄서의 순정〉으로 영역을 확장하셨습니다. 또한 유진 씨가 캐스팅되어 화제입니다. 그 이야기를 해 주시겠습니까?

A : 영화의 뮤지컬화가 핵심입니다. 〈댄서의 순정〉 같은 경우에는 앞으로 계속 뮤지컬로 올릴 것이고, TV 드라마로도 생각 중입니다.

유진 씨가 〈댄서의 순정〉에 캐스팅되어 화제가 되었지만, 티켓으로 사람들을 불러모으기에는 스타 파워가 예상보다 약했습니다. 내가 보았을 때는 뮤지컬 업계에서 캐스팅되어 바로 표로 사람들을 불러모으는 파워를 지닌 사람은 오만석과 조승우 씨밖에 없습니다. 물론 〈김종욱 찾기〉같이 스타 파워가 약해도 작품이 좋아 오는 사례도 있지만, 아직은 뮤지컬이 대중적으로 성공하기에 힘든 것이 현실입니다. 그리고 〈지하철 1호선〉 같은 유명한 작품도 성공에 이르기까지 보이지 않았던 수많은 고통이 있었습니다.

Q : 뮤지컬은 아직 티켓값이 높아 대중이 관람하기에 문턱이 높다는 지적도 있습니다. 이 문제에 대한 생각은 어떻습니까?

A : 모든 문화 생활의 척도는 영화 티켓값에 맞춰 다른 공연을 생각합니다. 그러니 표가 비싸 보일 수 있습니다. 나도 티켓값을 낮추기 위해 노력했지만 현실적으로 힘듭니다. 이와 같은 문제점을 해결하기 위해 기업과의 연결을 통해 지원을 받아 표값을 낮추는 것인데, 기업들이 지원을 외국 유명 뮤지컬을 제외하고 안 해주려고 합니다. 그렇기에 아직은 딜레마에 빠져 있습니다.

Q : 그럼에도 불구하고 뮤지컬의 매력은 어떤 것이 있다고 생각하십니까?

A : 일단 현장의 반응입니다. 그날 그날에 따라서 똑같은 공연임에도 불구하고 반응이 확연히 차이가 납니다. 사람이 가득 찬 상태에서 유독 그날 반응까지 좋을 때 뮤지컬을 만든 입장에서 정말 큰 보람을 느낍니다. 또한 영화는 소구 기간이 2년이지만 뮤지컬은 잘 만들면 평생입니다.

Q : 이제는 영화와 뮤지컬을 아우르는 컬처캡미디어 대표이십니다. 수장이시기에 사람을 대하는 자세도 남다를 것 같은데, 어떻습니까?

A : 우선 나는 사람을 볼 때 손해를 감수하더라도 피해를 안 주려고 합니다. 뿐만 아니라 이 업계가 좁아서 사람들의 평판이 들어옵니다. 때로는 좋지 않은 평판을 지닌 사람과 작업을 할 때도 그 사람이 나에게 피해를 주지 않는 이상 믿어주고 일을 맡깁니다. 또한 신뢰를 중요하게 여기는 성격 덕분에 내가 빚 때문에 어려웠던 시절에도 나에게 돈을 빌려가서 갚지 않은 사람이 오히려 나에게 돈을 빌려주는 상황이 있을 정도로 관리합니다.

Q : 사업을 하시며 많은 사람들을 만나셨을 것 같습니다.
그 와중에 돈에 대한 철학도 있으실 것 같은데, 말씀해
주시겠습니까?

A : 난 태어날 때부터 부자는 부자가 아니라고 생각합니
다. 그들은 태어나면서부터 모든 것이 갖춰져 있어 더 이
상 가질 수 없기에 부자가 아닙니다. 만약 풍요롭다고 느낄 만큼
부자라고 생각한다면 자살과 같은 극단적인 방법은 취하지 않지
않을까요?

부자도 두 가지 종류가 있습니다. 갑자기 부자가 된 졸부와 원
래부터 부자, 이렇게 두 부류로 나뉘어집니다. 우선 졸부들은 한
순간에 부자가 되어서 돈에 대한 철학이 없다보니 돈을 마구 낭
비해 다시 가난해지는 게 다반사입니다. 내 친구도 30대 초반에
부자가 되었지만, 40대가 되니 그 돈이 사라졌습니다.

그런데 원래 부자는 검소하게 씁니다. 또한 쓸 때 쓸 줄 압니다.
돈은 무턱대고 절약하는 게 아닙니다. 돈을 잘 써야 사람이 오
고 돈도 옵니다.

Q : 뮤지컬 관객분들에게 당부하고 싶은 말씀이 있으시다
면 해 주시기 바랍니다.

A : 뮤지컬을 하는 대부분의 사람들은 제작 여건상 열악한 환경 속에서도 뮤지컬을 위해 노력을 합니다.

관객분들의 입장에서 외국 뮤지컬도 좋지만, 힘든 환경 속에도 꿋꿋이 임하는 우리 국내 창작 뮤지컬도 신경을 써주시면 감사하겠습니다.

고준석

부동산 재테크

| 고준석 |

· 동국대학교 대학원에서 〈부동산 경매 활성화를 위한 법제 개선에 관한 연구〉
라는 제목으로 법학박사 학위(부동산 상속, 증여세법)를 취득하다.

· 〈조선일보〉〈중앙일보〉〈한국경제〉〈매일경제〉〈서울경제〉〈이코노미스트〉 등에서
부동산과 재테크에 관한 칼럼을 연재했으며, KBS·MBC 텔레비전 등에 출연하
여 경제 문제에 대해 토론 및 강연 활동을 하고 있다.

· 현재 신한은행 프라이빗 뱅크 부동산 재테크 팀장으로 근무하고 있으며, 동국
대학교 경영대학원(부동산학과)에 출강하고 있다.

· 저서로는 《나는 이런 부동산으로 돈 번다》《큰돈 없이 경매로 돈 버는 법》《재
테크, 부동산을 잡아야 돈 번다》《대한민국 집테크》 외 다수가 있다.

| 고준석/부동산 재테크 |

Q : 선생님께서는 부동산 전문가 명강사 리스트에 항상 오르실 뿐만 아니라, 대한민국 최초의 부동산 박사 타이틀을 갖고 계십니다. 지금의 위치를 두고 사람들은 그 결과를 주목하지만, 이 자리에 오르시기까지 치열한 노력의 과정이 필수라고 보는 시각입니다. 어떻습니까?

A : 부동산 전문가는 이론과 현장 경험이 중요한 것 같습니다. 즉, 이론과 현장 경험, 이 두 가지를 동시에 잘 알아야 한다는 얘기입니다.

아무리 현장 경험이 많더라도 이론적인 기본 원리가 없으면 안 된다는 사실을 많이 느꼈습니다. 예를 들어, 길 옆에 붙어 있는 네모 반듯한 토지나 멋있는 집을 보면서 "저런 것들이 가격이 올라야 되는데 왜 안 오를까?" 하는 막연한 생각을 할 수도 있습니다. 물론 막연한 생각으로 사서 팔 수도 있겠지만, 부동산은 분명 많은 기초 이론 지식이 필요하다는 것을 알았습니다.

부동산의 세 가지 법, 민법·공법·세법을 기초로 하지 않으면 부동산의 수익 가치를 분석할 수도 없을 뿐만 아니라, 고객들에게 얘기해 줄 수 없다는 것을 알았습니다. 그렇게 하기 위해서 실무를 하면서 공부를 할 수밖에 없었습니다.

Q : 1990년 봄, 은행원으로 일하실 때 부동산을 경매에 부쳐 대출금을 회수하는 여신 관리부에 발령받으면서 부동산에 눈을 떠셨습니다. 그 당시 5년 동안 취급한 경매 물건만 2천 건이 넘는다고 하셨습니다. 또한 낮에는 지번을 찾아 전국 현장을 돌아다니셨고, 밤에는 동국대학교의 부동산 대학원에서 석·박사 과정을 공부하셨습니다. 이렇게 일과 학업을 병행하시기가 쉽지 않으셨겠고, 막상 일만 잘 하시기에도 쉽지 않은 현실임에도 불구하고 두 가지 다 효과적으로 수행하셨습니다. 그 당시의 고충을 이야기해 주시겠습니까?

A : 특히 박사 과정은 야간 과정이 없기 때문에 퇴근하면 거의 8시부터 도서관으로 가서 새벽 2~3시까지 공부한

후 집으로 돌아왔고, 주말에도 쉬지 않고 거의 이틀을 도서관에서 공부했습니다.

두 가지를 같이 병행하다 보면 힘들고 어려워 포기하고 싶을 때가 많았습니다. 은행원 초년 시절에 지번만 가지고 땅을 찾는데, 어려움을 많이 경험했습니다. 땅에는 번지수가 표시 나게 써 있는 것이 아니잖아요. 땅을 찾아 헤맨 끝에 3일 만에 찾았어요. 땅이 금은 보배보다 더 소중하고 귀한 경험이 되었습니다.

아무튼 내가 처음 부동산을 공부하면서 선배들이 "은행 근무하면서 부동산이 무슨 도움이 되느냐, 부동산 공부보다는 차라리 외환 공부하고 국제 금융 공부하는 것이 더 빠르지 않겠느냐?" 라는 얘기를 많이 해 주었습니다.

하지만 나는 부동산의 미래를 미국을 통해 봤습니다. 그 당시 미국은 모기지가 굉장히 발달되어 있었고, 모든 금융 회사들이 부동산을 통해 시너지를 발휘해 막대한 이익을 창출한 것을 봤습니다. 우리 나라도 언젠가는 부동산이라는 것이 금융과 합쳐질 때 시너지가 날 수밖에 없는 상품이라는 확신이 들어 선배들의 우려에도 불구하고 본격적으로 부동산을 공부했습니다.

Q : 선생님께서는 은행에서 10억 원 이상 유치한 고객에게 상담을 하고 계십니다. 수많은 부자들을 직접 만나면서

느끼시는 것이 남다르실 것 같은데, 어떻습니까?

A : 부자와 부자가 아닌 사람의 특징을 네 가지로 요약할 수 있습니다.

첫째, 부자는 성공만 하는 게 결코 아닙니다. 부자가 아닌 사람보다 더 무수한 실패를 하고, 그 가운데 성공을 이룹니다. 그런데 부자가 아닌 사람들은 실패 자체를 안 합니다. 그래서 부자가 될 수 없다는 것입니다.

둘째, 부자는 자기 자산 관리에 24시간을 할애합니다. 부자가 아닌 사람들은 자산을 관리하는 데 사실은 시간이 없어 시간 할애를 안 한다는 것입니다.

셋째, 부자인 사람들은 결정이 굉장히 빠르고, 그 사항에 대해 바로 실행합니다. 부자가 아닌 사람들은 결정을 하기까지 시간이 너무 오래 걸리고, 결정해 놓고도 행동에 옮기지 않습니다.

넷째, 부자는 최종 실행 단계에서 전문가의 얘기를 200퍼센트 신뢰합니다. 하지만 부자가 아닌 사람들은 전문가의 얘기를 안 듣습니다. 바로 이게 차이입니다.

그래서 나는 부자가 되겠다고 한다면 기본적으로 실패를 많이 해야 된다고 생각합니다. 실패를 두려워해서는 결코 성공한 부자가 될 수 없다는 것을 내가 만난 부자를 통해 느끼고 있습니다.

Q : 부자들의 자산을 관리하는 자세에 대해서 알려주실 수 있겠습니까?

A : 부자는 1백만 원을 은행에 넣더라도 통장을 따져보고 넣습니다. 일반 사람들 역시 부자가 아니더라도 1백만 원은 있지 않습니까? 대부분 1백만 원 넣더라도 따져보지 않고 아무 통장에 넣습니다. 나는 1백만 원밖에 없기 때문에, 아님 이번 달에 쓸 것이기 때문에 아무 데나 방치해 놓는다는 얘기입니다. 하물며 우리가 카드를 쓰고 한 달에 한 번 결재하면 한 달 동안 예금 이자가 백 원이건 2백 원이건 붙습니다.

금융 자산을 관리하는 기법을 모르고는 부동산 부자가 결코 될 수 없습니다. 금융 자산을 통해서 부동산 부자가 되어야 하는데, 부동산에 투자할 종자돈 마련하는 방법, 즉 금융 자산을 관리하는 기법을 모르고서 결코 성공한 부자가 될 수 없다는 얘기입니다.

Q : 말씀 중에서 돈을 버는 테크닉보다 돈에 관한 상식이 중요하다고 판단되는데, 왜 그런지 설명해 주시겠습니까?

A : 많은 사람들이 금리 때문에 이 은행 저 은행 쫓아다닙니다. 사실은 그게 바람직합니다. 그런데 돈이라는 게 일 원부터 쌓여서 억 원이 됩니다. 일 원, 즉 시작이 없으면 이게 다 없는 것이지 않습니까?

사람들이 금리 0.1퍼센트는 잘 따지는데 돈 만 원은 쉽게 씁니다. 사실 내가 말하고 싶은 것은 금리 0.1퍼센트 더 주는 은행을 쫓아다니기보다 만 원의 지출을 줄이라는 것입니다. 그래야만 부자가 될 수 있습니다. 자신의 소비를 조절할 수 없는 사람은 결코 부자가 될 수 없고, 설령 일시적으로는 부자가 될 수 있겠지만, 영원히 그 돈을 지킬 수 없습니다.

Q : 역사를 알면 미래를 예측할 수 있습니다. 부동산 또한 마찬가지로, 지난날의 역사를 비추어 미래에 대한 방향을 알 수 있을 것 같습니다. 우리 나라 부동산의 주요 역사의 흐름과 그로 인해 앞으로 어떻게 될 것인지 설명해 주시겠습니까?

A : 우리가 부동산이라고 한다면 목표를 잘 정해야 합니다. 우리 나라는 역사적으로나 지리적으로 국토 면적이 작고 인구는 그에 비해 많습니다.

국내 부동산 역사를 보면 1960년대 개발기 시대에 경제개발5

개년계획부터 시작해서 69년 한남대교가 개통되었고, 70년도에 경부고속도로가 개통됨에 따라서 강남의 개발 역사, 더 크게 말하면 우리 나라 전체 지역 균형 발전의 역사가 시작되었습니다.

그리고 부동산 가격이 오르는 세 가지 요소가, 첫번째로 인구가 증가해야 되고, 두 번째는 통화량이 증가되어 돈이 늘어나야 부동산 가격이 오릅니다. 세 번째는 금리가 안정되어야 합니다.

그런데 우리 나라의 70년대는 오일 달러가 들어왔고, 인구는 많이 늘어난 시기였습니다. 부동산 시장 또한 일반 부동산 이론 + 우리 나라가 기본적으로 전체 국토 종합 개발 계획설에 의해서 도로가 세워지고 다리가 생겨서, 이러한 개발 붐에 따라서 부동산이 오른 시기였습니다.

여기에다 70년대 초반에 아파트가 처음으로 일반 대중들에게 분양되기 시작하면서 부동산이라는 것에 초창기 멤버인 복부인 아줌마들이 눈을 뜨기 시작했습니다. 그리고 70년대 후반부터 80년대 초반은 많은 사람들이 돈을 벌었던 시기입니다.

이러한 시대의 흐름을 보면 부동산 가격이 상승하는 데 분명한 영향을 줬고, 앞으로 역사는 어떻게 될 것인가 하는 주택에 대한 고민이 많은데, 수요와 공급을 따지면 우리 나라는 실수요자가 원하는 지역의 공급은 부족한 실정입니다.

내가 볼 때 투자는 누구나 소신껏 할 수 있지만, 주택이 없는 무주택 실수요자는 물론 예외가 존재하겠지만, 공급 부족 현상이 어느 정도 해갈될 때까지는 가격은 또 오를 수도 있습니다. 무주택 실수요자인 경우에는 자신의 자금 스케줄에 맞춰 내 집 마련 로드맵을 그려야 될 것으로 보입니다.

Q : 부동산 10년 주기설이 있습니다. 그 점에 대한 선생님의 견해는 어떻습니까?

A : 10년 주기설을 우리 나라의 부동산에 대입시키는 사람들은 부동산에 대해 잘 모르는 사람입니다.

10년 주기설로 얘기하면, 78년에는 부동산 가격이 많이 올랐습니다. 그 영향은 중동 건설로 인한 오일 달러가 급격히 들어온 데 기인했습니다. 또 10년 뒤인 88년은 올림픽 개최로 인해 굉장히 많은 부동산 수요가 늘어난 때문이었습니다. 따라서 땅이나 아파트 수요가 폭발적으로 증가했고, 가격은 오를 수밖에 없었습니다. 이렇게 두 번에 걸쳐 부동산 가격이 올랐습니다.

그렇다면 98년이나 99년에 올라야 하는데, 이 때는 오히려 부동산값이 떨어졌습니다. 더군다나 2000년 들어서부터 2006년까지 부동산값이 수직으로 상승했습니다. 부동산 10년 주기설은 어느 나라 어디가 해당되느냐면, 수요와 공급이 일치될 때 도입기→성장기→안정기→쇠퇴기를 얘기할 수 있습니다.

그러나 우리 나라는 기본적으로 공급이 부족하기 때문에 부동산의 10년 주기설을 얘기하기에는 다소 무리인 것 같습니다.

Q : 젊은이들에게 어떻게 부동산을 대해야 할지 그 자세에 대해 조언해 주시겠습니까?

A : 젊은 사람들한테 말씀을 드리고 싶은 것은 부동산을 하나의 투기판으로 안 봐주셨으면 좋겠습니다.

부동산하면 무조건 돈 벌 수 있다는 오만한 생각은 버려야 된다고 생각합니다. 부동산도 공부하지 않으면 돈을 벌 수 없고, 자기가 갖고 있는 부동산조차도 지킬 수 없는 것이 지금 현실이며, 앞으로 더더욱 그렇게 될 것입니다.

그래서 젊은 사람들이 의욕만 앞서 부동산 시장을 왜곡된 시각으로 참여하는 것을 지양해야 되고, 부동산 시장을 제대로 공부해서 자기 나름대로의 체계적인 로드맵을 그려 참여했으면 좋겠습니다.

Q : 부동산에 대한 로드맵 설정 방법도 알려주실 수 있겠습니까?

A : 먼저 부동산에 대한 무관심의 벽을 깨지 않으면 로드
맵조차 그릴 수 없습니다. 두 번째로, 무관심의 벽을 깬 사람은 공부를 해야 된다는 것입니다. 세 번째로, 자기 현실에 맞게 부동산 투자를 위한 종자돈 마련에 최선을 다해야 됩니다. 네 번째로, 종자돈 마련을 하는 와중에 부동산에 대한 청약 제도와 규제 정책에 대한 지식을 습득해야 됩니다.

그 이후에 자신의 연봉에 맞게 연도별로 자금 스케줄을 짜서 내 집 마련 로드맵을 그려야 된다고 생각됩니다.

Q : 지금까지 수고가 많으셨습니다. 앞으로의 비전을 듣는
것으로 마무리를 짓겠습니다.

A : 일단 지금 내가 일하는 은행에서 고객을 위해 최선을
다하고, 은행 내에서도 후배들을 전문가로 성장시키며, 대학 강단에서 제자들을 많이 키우고 있습니다. 그뿐만 아니라, 인터넷 포털 카페인 '아이 러브 고준석과 부동산 재테크'에서 무료 상담도 하고 있습니다. 아무쪼록 현재 내 앞에 주어진 일에 충실히 하는 것이 개인적으로 비전이 아닌가 생각합니다. 고맙습니다.

interview 17

정찬용

영어 비즈니스

| 정찬용 |

· 서울대학교 조경학과를 졸업하고 해병대 장교로서 군 생활을 마친 뒤, 독일로 건너가 도르트문트대학교에서 공간계획학을 전공하여 석사 학위를, 하노버대학교에서 조경 및 환경개발학을 이수하여 박사 학위를 취득하다.

· (주)대우 토목 기술부를 거쳐 삼성 에버랜드 환경개발 사업부의 소장직을 맡아 도시·공간 계획 사업을 수주하여 업무를 하고 있다. 특히 서울시가 추진하고 있는 역사문화탐방 거리 만들기 프로젝트에서 인사동 거리·남대문 거리·사직공원 거리 만들기를 추진하고 있으며, 충남 안면도 세계꽃박람회의 부지 선정 및 시설 공간 배치 설계 같은 일도 맡았다. 그리고 대전 엑스포과학공원 리모델링 공모에 1등으로 당선돼 에버랜드에서 하는 사업과 함께 진행했다.

· 현재 토스 잉글리시 언어연구소 소장으로 재직.

· 대한민국 영어 교육 정책자들에게 한 마디 따끔한 얘기도 할 겸《영어 공부 절대로 하지 마라》를 펴내 초대형 베스트 셀러가 되면서 순식간에 우리 나라 영어의 패러다임을 바꾸어 놓았다.

· 저서로서는《영어 공부 절대로 하지 마라》《영어 독해 절대로 하지 마라》《아직도 영어 공부 하니?》외 다수가 있다.

| 정찬용/영어 비즈니스 |

Q : 현재는 영어에 관련된 비즈니스를 하고 있습니다. 그런데 서울대학교 조경학과를 나오셨습니다. 이 과를 지원한 특별한 이유라도 있었습니까?

A : 애초에는 그림 그리기를 좋아해서 미대에 가고 싶었습니다. 하지만 가정 환경이 넉넉하지 않아 미대의 꿈을 포기했습니다. 그래서 이과이면서 그림도 그리고, 그러나 수학은 하지 않아도 되는 학과가 없나 하고 당시 있었던 《대학 편람》이라는 책을 들쳐보니 그게 바로 조경학과였습니다. 졸업 후에는 해병대 장교를 지원했습니다. 현실적으로 일반병으로 군 생활을 할 경우, 휴가 나왔을 때 편히 용돈을 후하게 받을 수 있는 형편이 아니어서 그랬죠. 그래서 장교로 가야겠는데, 알아 보니 훈련

이 가장 센 해병대 장교 시험이 가장 경쟁률이 낮았습니다. 그래서 지원했고, 다행인지 불행인지 붙어서 3년 4개월을 보냈습니다.

Q : 독일 유학은 어떻게 결심하시게 되셨습니까?

A : 제대 후 주식회사 대우 토목 기술부에 입사를 했는데, 제 전공인 조경을 전혀 쓸 수가 없는 분야였습니다. 그래서 조경이 아직 일천하니 우리 나라에서 분위기가 좀더 무르익을 때까지 나갔다 와야겠다고 생각했고, 또한 학비도 별로 안 드는 독일을 선택하게 되었습니다.

Q : 독일어를 우리 나라에서 한다고 했지만 현지에 도착해서는 전혀 알아듣지 못해 고생을 많이 하셨다고 쓰셨습니다. 하지만 자신이 개발한 특수 노하우 덕분에 6개월 만에 어학 코스에 합격하셨습니다. 그것을 어떻게 알게 되셨나요?

A : 독일 문화원에서 만났던 선생님께서 한국인 제자들에게 쓰셨던 말과 현지인이 쓰는 독일어는 너무 다르다는

것을 프랑크푸르트 공항 안내 데스크에 있는 안내원과 대화를
시도한 순간 알았습니다. 발음이나 속도, 억양 등이 너무나 달랐
기 때문이지요. 그래서 그 순간 지금까지 한 독일어는 버려야겠
다고 결심했습니다.

한편으로 유학을 이미 갔다 온 사람들은 왜 이런 얘기를 안
해 주었을까 하는 생각을 했습니다. 아무튼 제대로 된 독일말을
많이 들어야겠다는 생각은 했습니다.

그 와중에 내가 살던 도시에 스모그 알람이 발령되는 사건이
일어났습니다. 대기 중에 유해 물질이 정체된 채 고여 있어서 창
문을 걸어 잠그고 집 안에서만 지내야 하는 상황이었습니다. 케
이블 TV도 없던 시기이기에 30분에 한 번씩 스모그 알람 뉴스
만 내보내는 공중파를 2주 동안 볼 수밖에 없었습니다.

드디어 다시 어학 코스가 열린 날, 갑자기 선생님의 말씀이 다
들리는 것입니다. 게다가 분명히 말의 속도도 굉장히 느려져 있
었습니다.

그렇게 귀가 트이면서 돌이켜 생각해 보니 듣기를 늘리는 것은
많은 양의 여러 테이프를 듣는 게 아니라, '같은 내용을 계속 많
이 듣는 것이구나'라는 점을 알게 된 것입니다. 스모그 알람 상
황이 안 일어났다면 듣기의 노하우도 발견하지 못할 수도 있었다
는 얘기죠.

또 하나의 노하우는 좀 엉뚱합니다. 독일 어학 코스는 필기 말

고 말하기와 쓰기도 굉장히 중요합니다. 이 두 가지가 문제였습니다. 듣기가 되니까 수업은 듣겠는데, 토론 같은 경우에 대화를 할 수 있어야 되지만 말하는 것과 쓰는 것을 제대로 배우지 못한지라 그런 수업 시간엔 늘 조용히 있어야 했지요.

이 때 또 하나의 사건이 일어납니다. 〈프랑쿠푸르트 알게마이네〉라는 신문이 있습니다. 거기에 어느 날 한국과 일본의 이상한 관계에 대한 기사가 크게 났습니다. 그것을 들고 나타난 선생님께서 나에게 "읽어봤는데 이해가 잘 안 된다"면서 추가 설명을 해 달라고 하셨습니다. 나는 말을 잘 하지 못하니까 피하려고 "너무 긴 얘기라서 간단하지 않다"라고 대답했습니다. 그랬더니, "그렇다면 일주일 시간을 줄 테니까 여기에 대해 발표를 하라" 라고 하시더군요. 안 한다고 할 수도 없고, 그래서 일주일 동안 그 복잡한 기사 읽어가면서 나름대로 발표할 것을 정리해서 거울 보며 다 외웠습니다.

그리하여 발표 당일 날 얘기하고 있는데, 갑자기 이집트 출신 학생이 손을 들고 질문하는 것입니다. 질문을 안 받으려고 했지만 선생님께서 받으라고 하는 바람에 결국 대답을 했고, 그러고 나니 내가 어디까지 했는지 생각이 안 나는 것입니다.

그래서 당황하고 있는데 갑자기 임기 응변으로 말이 저절로 나왔습니다. 또 내가 말한 내용이 외운 것과 전혀 달랐습니다. 줄기는 비슷하지만 늘 들어오던 표현을 단어만 바꿔 굉장히 쉽게 말하고 있는 자신을 발견하고 놀라고 말았습니다. 자기가 쓸 수 없는 것을 억지로 외워 하는 것이 말이 될 리 없는 거겠죠. 그 때 '말이란 잘 쓸 수 있는 것을 가지고 하는 거다' 라는 깨달음을 얻었습니다.

결국 이 두 가지 노하우를 통해 어학 코스 마지막 달에는 내가 문법 부문에 조교 비슷한 역할까지 했고, 나중에 마지막 시험인 구두 시험은 거의 면제를 받았습니다.

Q : 1993년 하노버대학에서 조경 및 환경개발학 박사 학위를 취득하셨습니다. 하지만 대다수의 사람들은 독일에서 박사 학위를 취득하기가 어렵다고 들었는데, 실제로는 어떻습니까?

A : 첫번째 어려움은 양이 많다는 것입니다. 1학기에 2~3과목씩 시험을 쳐야 적정한 기간 내에 학업이 끝나는데, 교수가 추천하는 책이 한 과목당 많게는 40권, 적게는 10권입니다. 그 중에서 중요한 책들을 골라 읽고 잘 이해한 상태가 되어야 시험을 칠 정도의 수준이 됩니다.

두 번째는 강의 커리큘럼에서부터 시험 과목, 언제 누구에게 시험을 칠 것이며, 누구를 지도 교수로 하여 석사·박사 논문을 쓸 것인가에 이르기까지, 모두 스스로 계획을 짜야 하는 시스템이 문제입니다. 우리 나라 대학처럼 대부분의 계획은 이미 만들어져 있는 것과 많이 달라 다들 어려워합니다.

세 번째는 평가입니다. 우리 나라 대학은 대개 입학만 하면 웬만큼 태만하지 않으면 다 졸업시킵니다. 독일 대학은 졸업하는 비율이 무척 낮습니다. 일단 평가 자체가 절대 평가입니다. 일정 수준에 오르지 못하면 그냥 탈락입니다.

예를 들면, 백 명 중 80명에게 F를 주는 일도 자주 일어납니다. 물론 독일어가 되는 것은 기본입니다. 일단 독일어가 되면 양만 처치하면 되는데, 대부분의 사람들이 독일 유학에 실패하는 것은 독일어를 그만큼 유창하게 못 하기 때문입니다.

석사·박사의 마지막 관문이 구두 시험입니다. 아무리 학문적 지식이 높아도 말로 표현하지 못하면 끝입니다. 심사위원대에 앉아 있는 사람들은 논문도 썼고, 수업까지 받았데도 저 정도 독일어라면 '그럼 저 면접 본 사람이 다 쓴 것은 아니겠네' 라고 판단합니다.

박사 학위 논문 써놓고 마지막 구두 시험에서 말을 제대로 못해 떨어져, 남몰래 조용히 귀국한 사람들이 많습니다.

Q : 귀국 후 1994년 6월, 삼성 에버랜드 환경개발 사업부에 취직을 하셨습니다. 거기 가시게 된 어떤 계기가 있었습니까?

A : 한국으로 돌아왔더니, '독일에서 조경으로 박사 학위를 딴 제1호' 라고 주변에서 애기를 하더군요. 그래서 그랬는지 몰라도 얼마 후 여러 대학교에서 초빙 요청이 있었는데, 삼성 같은 경우는 이런 배경이 있었습니다.

93년 8월 박사 학위를 받았는데, 그 해 9월 이건희 회장께서 프랑크푸르트선언을 했고, 그 바탕 위에 해외 인재들을 특별히 채용하겠다는 방침이 생겼습니다. 그래서 삼성 에버랜드로부터 인터뷰하러 오라는 전언을 받게 되었는데, 일단 저는 대학 교수되는 게 목표여서 그 요청을 거절했었습니다.

그런데 교수직과는 인연이 없었는지 어디를 가도 최종 면접 과정에서 떨어지는 것이었습니다. 그래서 그 다음엔 여러 연구소를 접촉하게 되었지만 그것도 잘 되지 않더군요. 거기서 탈락한 것은 본의 아니게 사고를 쳤기 때문이기도 했습니다.

예를 들면, "서울에 도시의 질을 높이려면 어떻게 해야 되느냐?"라는 질문에 모범 대답 대신, "서울 같은 경우는 낙후된 지역부터 개발하면 전체적인 질은 올라갑니다." 이렇게 말했습니다. 심사위원들은 전부 영미 박사이다 보니 독일식 답변에 코드가 안 맞은 것입니다. 심지어 어떤 경우에는 학술적으로 심사위원과 다툰 경우도 있습니다.

그러다가 94년 5월 결국 에버랜드에 인터뷰를 하러 갔습니다. 그 때까지도 지속적으로 연락이 왔었지만 버텼습니다. 그런데 면접을 보러가는 길에 톨게이트를 통과하면서 멋진 경치를 본 순간 여기서 일해야겠다는 생각이 아주 강렬하게 들었습니다. 그리하여 두말 없이 취직했습니다.

Q : 소장이라는 직함으로 재직하시다가 1999년 7월《영어 공부 절대로 하지 마라》가 세상에 나왔습니다. 책을 낸 동기가 있었을 것 같은데, 무엇입니까?.

A : 환경개발 사업부는 기술에 관련된 분들이 많습니다. 사실 이 곳에는 영어가 많이 필요하지 않습니다. 그래도 전사(全社) 차원에서 영어를 잘 해야 된다고 권장을 했는데, 97년 IMF가 일어나 구조 조정 프로젝트가 진행되면서 영어 바람이 불었습니다.

평소에 안 하던 사람들까지 모두 영어에 덤벼 들더군요. 그래서 몇 명한테나 알려 주었던, 독일에서 써먹은 방법에 대해 책을 써야겠다고 생각하게 된 것입니다. 사실 노하우 전수는 IMF 전부터 시작을 했었고, 이미 전수를 받고 있는 사람도 있던 데다가 사람들한테 일일이 설명해 주는 것도 한계를 느꼈기에 그런 생각이 든 거지요.

그렇게 생각이 들자 그 당시에 영어 학습책은 어떤 상태인가 알아보러 어느 대형 서점에 갔습니다. 그리고 물어 봤지요. 주간 베스트 셀러 1위 하는 영어 학습서는 얼마나 팔리는 거냐고 말이지요. 대답은 고작 하루에 한 권이었습니다. '안 팔리는 책 종류네, 잘 됐다, 이거 내가 책으로 출판하면 판매하고 남은 것 다 달라고 해서 직원들 나눠주어 읽어보게 해야겠다' 라고 생각했습니다.

시중에 나왔던 학습책을 내용까지 살펴 보니 이쪽에 관심 있는 내가 보기에도 지겨워 끝까지 못 읽었습니다. 이렇게 재미 없으면 안 되겠다 싶어서, 끝까지 보도록 하기 위해 소설 형식으로 썼습니다. 그래서 책에서 나온 K라는 제자한테 노하우를 전수하는 상황이 줄기를 이루게 된 것입니다.

Q : 외국어 관련 도서에서 이 책이 200만 부나 팔렸습니다. 그 당시 이렇게 이슈가 되었던 이유를 알고 싶습니다.

A : 일단은 많은 출판 전문가들이 하는 애기로 제목이 좋
았습니다. 처음에는 제목을 《영어 공부 때려처라》라고
해서 출판사에 제안을 했는데, 그 쪽에서는 품위가 없으니 제목
을 〈절대로 하지 마라〉로 바꾸자고 해서 《영어 공부 절대로 하지
마라》가 만들어진 것입니다. 이 제목 때문에 책을 봤다는 사람
이 굉장히 많았습니다.

이를테면 독자들이 일단 책을 들쳐 보게 되었고, 마침 그리 두
껍지 않아서 서점에서 선 채로 그냥 다 읽었다는 사람도 꽤 있었
습니다. 그러나 집에 가서 기억을 더듬어 실천해 보려고 했지만
잘 안 되었고, 그래서 두 번째 방문에 산 사람들도 제법 많았습
니다.

또 하나 특별한 점은, 제목 때문에 안 봤던 사람들도 종종 있
었다는 것입니다. 이거 순전히 영어 공부 때문에 쩔쩔 매고 있는
것을 이용한 제목으로 장사하는 것이 아니냐며, 의문을 품고 아
예 안 봤다는 사람도 나중에 만났는데, 아무튼 대다수의 사람들
이 책 제목 때문에 펼쳐보게 되고, 재밌어 끝까지 본 다음에 사
게 된 것이 중요한 이유 중의 하나입니다.

뭐니 뭐니 해도 가장 큰 원인은, 우리 나라의 영어 교육은 수
십 년 간에 걸친 실패입니다. 우리 나라 사회 전반에, '영어는 힘
들다', '아무리 해도 난공불락이다' 라는 인식이 퍼져 있었는데,
제목에다가 '공부하지 마라', 그러니까 속이 일단 시원했던 것입

니다. 물론 내용에도 '문법 공부, 단어 공부 전혀 필요 없다'고 했으니 화제가 되었습니다.

Q : 그 책을 보면 5단계가 나와 있습니다. 많은 분들이 알고 있지만 모르는 독자들도 있을 수 있기에 구체적인 내용을 소개해 주시겠습니까?

A : 1단계는 테이프 한 개로 계속 듣기를 합니다. 이 때 많은 사람들이 1단계에서 실패하는 이유는 내용을 알려고 하기 때문입니다. '영어가 무슨 소리를 갖고 있느냐?'에 100퍼센트 집중해야 됩니다. 그리고 모국어를 보면 말문이 터지는 서넛 살까지 제일 많이 듣는 말이 어른 말입니다. 그러다가 말문이 터지는 건데, 아기들이 자기들의 말을 들을 때는 유치원 가서부터입니다.

2단계는 들은 발음을 입에 소리로 올리는 것입니다. 그 때 역시 내용 이해는 상관없습니다. 그냥 발음만 흉내 내는 것입니다. 혀가 영어의 소리를 비슷하게라도 내야 상대방이 무슨 말을 하고 있는지 알 테니까요. 내용에 신경을 쓰는 것은 4~5단계부터입니다.

3단계는 사전을 갖고 소리 내어 읽는 것인데, 설명조로 씌어진 콜린스 코빌드가 좋습니다. 다른 사전은 언어학적 설명인데, 이 책은 평소에 사람들이 설명해 주는 스타일로 되어 있습니다. 영어의 의미를 영어로 설명하고 있기 때문에 누구나 알 수 있게 쉽게 쓰는 구조로 씌어 있습니다. 그래서 영어 문장 구조를 입에 배게 하는 것이 3단계의 목표입니다. 절대 어휘 습득이 아닙니다. 그것은 4~5단계에서 이루어집니다.

4단계는 영화를 가지고 진짜 똑같이 흉내 내기를 하는 것입니다. 5단계는 신문이나 책을 소리 내어 읽는 과정입니다. 영화는 일종의 우리 나라식으로 표현하자면 회화이고, 책은 읽기와 쓰기의 기초이자 품격 있는 말의 원천입니다.

좌우지간 이 모든 단계를 합쳐 한 마디로 정의하라고 하면 공부가 아니라 훈련입니다.

Q : 공전의 히트를 기록함과 동시에 안티가 있었다고 알고 있습니다. 그런 문제는 어떻게 생각하시고 있습니까?

A : 방송에서 출연 요청이 있었는데, 그 때 나의 상대역으로 나올 사람을 섭외할 때 그들의 말은 "저 사람과 같이 할 수 없다" 라고 했고, 책에 대해 어떻게 생각하냐고 물으면, "나는 영문학 박사인데 전공자도 아닌 사람이 쓴 책을 왜 읽냐?" 라

고 했다는 말을 방송 관계자로부터 들었습니다.

그러니까 전문가 집단은 나를 인정해 주지 않았고, 일단 읽어 보겠다는 사람조차도 별로 없었으며, 내가 보기에 분명 읽어봤을 텐데 안 읽었다는 사람도 있었습니다. 토론 프로그램에 그 때 나와 같이 등장했던 패널도 그래서 국내파가 아니라 해외파였습니다. 해외에 많이 있었기 때문에 영어를 잘 하게 되었는데, 내 책을 거부감 없이 보고 '이게 맞는 얘기' 라면서 오히려 인정해 주었습니다.

그들 말고도 우리 나라 기존 방식으로 먹고 사는 사람들로부터는 굉장히 많은 안티 공작을 받았습니다. 수년간 집요하게 공격하던 이도 있었지요. 나를 인정하는 순간 그들의 사업 혹은 인지도의 바탕을 잃게 되므로 그들이 이해되지 않는 바는 아니었지만, 그래도 영어 학습도 교육인지라 발상의 전환을 할 수도 있지 않을까 하는 기대도 해 보았습니다. 그런데 지금은 그런 기대 안 합니다.

Q : 생각지도 못한 엄청난 반응 때문에 에버랜드에서 일 할 때는 후유증도 있었을 것 같습니다. 어떻습니까?

A : 조경 일을 하면서 유명한 베스트 셀러 작가까지 된 상황이었기 때문에 외부에서는 반응이 너무 좋았습니다. 그렇지만 내부에선 어디다 학원을 차렸다는 둥 근무 시간에 독자 이메일 답장해 주느라 정신이 없다는 둥의 음해성 루머가 돌아다녔고, 결국 인사 불이익을 당해 2000년 4월에 퇴사를 하게 되었지요.

Q : 이후에 토스 잉글리시 학원도 오픈하셨습니다. 특히 초중학교 학생들을 대상으로 하셨는데, 그 의미가 있을 것 같습니다. 거기에 대해 간단히 말씀해 주시겠습니까?

A : 일단 문제는 《영어 공부 절대로 하지 마라》는 분명히 어른용인데, 부모들이 이걸로 아이들을 교육시킨 것입니다. 원래 초등학생에게는 이 책이 잘 안 맞습니다. 맞는 컨셉이 무엇일까 생각하다 4~5단계 중심으로 프로그램을 만들어 실험을 많이 해 봤습니다.

예상대로 잘 늘더군요. 그러다가 2003년 봄 거기에 아주 잘 어울리는 학습기를 알게 되었습니다. 학원 시스템이 가능해진 순간이었죠. 지금 현재의 모습은 훨씬 훈련받기 쉬운 형태로 재미있게 만들어져 있고 전국에 약 100개의 캠퍼스가 운영되고 있습니다.

Q : 나이가 서른이 지났어도 영어를 하고 싶어하는 사람들이 의외로 많습니다. 그분들에게 영어를 이렇게 하면 잘 할 수 있다는 좋은 자세 한 가지를 말씀해 주시기 바랍니다.

A : 너무 영어에 집착을 하는 분이 계십니다. '이것으로 반드시 성공해야지' 하는 마음이 너무 앞서 있고 무겁습니다. 즐겨야 합니다. 이 책에서 1년이면 된다고 했지만, 난 3년 동안 아침에 조깅하듯이 하겠다고 하는 여유를 가지면 쉬워집니다. 정말 어느 날 갑자기 귀가 뚫립니다.

그 다음으로 소리 흉내 내기를 하는데, 처음에는 발음이 잘 안 됩니다. 조급해지면 사람들이 자기 합리화를 시켜 부족한 데도 되었다고 말하게 됩니다. 그런데 즐기는 사람은 '언젠가 나도 똑같이 할 수 있겠지' 하면 차분히 집중할 수 있습니다. 그런 식으로 여유를 가지고 즐기다 보면 어느 새 1년도 채 안 되어 끝나 있는 것을 발견하게 됩니다.

Q : 젊은이들에게 해 주고 싶은 말을 듣는 것으로 마무리를 하겠습니다.

A : 나는 무엇으로 어떻게 성공해야겠다는 생각을 단 한 번도 한 적이 없습니다. 어떤 문제에 봉착하면 '무슨 해결책으로 풀 수 있을까?'에 집중했을 뿐이지요.

나는, 남들은 "이렇게 푼다" 라고 말해도 별로 고려하지 않습니다. 또한 남들이 대세가 이렇다고 말해도 금방 따르지 않습니다. 왜냐 하면 모든 것은 각자 풀어야 하기 때문에, 문제가 같아보여도 어떤 사람은 해결책으로 사용할 수 있고, 어떤 사람은 사용하지 못할 수 있습니다. 자기가 쓸 수 있는 해법을 스스로 찾아야 합니다.

자기한테 맞는 것은 무엇인가? 현재 자기 위치에서 최선을 다해서 구할 수 있는 최고의 해법이 무엇이냐? 이렇게 문제를 풀면 쉬운데, 우리는 남의 것으로 해결하려고 하면 어려워지기 십상입니다. 예를 들어, 그들이 무엇을 해서 돈을 벌었다더라, 그런데 자신은 그 무엇을 할 능력이 안 되면 못 하거든요. 차라리 자기가 이것은 누구보다도 잘 할 수 있다는 확신이 좀더 강한 길로 가야 합니다.

많은 사람들이 나에게 와서 어떻게 해서 책을 통해 성공했냐고 물어보면, 그 때 상황이 내가 이 책을 쓰게끔 만들었다는 말 외에 할 말이 없습니다. 만약에 내가 영어 학습서 시장을 보고 '이런 식으로 썼네, 나도 이렇게 써야지' 했다면 이 정도로 성공할 수 없었을 것입니다. 많이 읽게 하려면 우선 재미있어야겠다는 생각이 결정적인 힘이 되었고, 그것은 나만의 해결책이었던 것이지요.

내 삶의 모토는 하루하루 열심히 사는 것입니다. 인생이란 당장 코앞의 일도 모르기 때문에 5년, 또는 10년 계획을 세우는 게 어떤 관점에선 무의미해 보입니다.

내 경우도 보면 독일에서 조경학 박사 학위까지 취득했지만, 결국 영어 관련 일을 하고 있지요. 현재 해결해야 할 문제를 최선을 다해 풀다 보면 여러분이 꿈꾸고 있는 비전에 언젠가는 분명히 다가 서 있을 것입니다.

interview 18
임원묵
헤어스타일리스트

| 임원묵 |

- 1990년 헤어 자격증을 취득한 뒤 실무 활동을 하던 중, 1997년 오스트레일리아로 건너가 헤어헌터스 헤어스타일리스트 과정을 수료한 후, 이듬해 프랑스 파리의 '파리벨린'에서 메이크업을 이수하다.
- 소호 뷰티스쿨 부원장을 역임하고, 아우라 미용실·COOP 미용실을 운영했다.
- 현재 살롱루즈 미용실 운영.
- 작품 활동으로, 패션쇼는 앙드레김 쇼·서울컬렉션·최범석 쇼·노승은 쇼·내셔널브랜드 쇼가 있으며, 잡지는 보그·엘르·바자·에스콰이어·앙앙·코스모플리탄 등이 있고, 광고 촬영은 리바이스·마루·하나로 통신·나이키·야후·지오다노 등이 있고, 영화는 사랑·강력3반·내 사랑 싸가지·일단 뛰어·돈텔파파·프라하의 연인 등이 있다.

| 임원묵/헤어스타일리스트 |

Q : 학창 시절에는 어땠습니까?

A : 내가 원래 공부에는 취미가 없는 편이었습니다. 그래서 집에서 걱정을 많이 했습니다. 그 당시 부모님들은 공부 잘 해서 대학을 가기 원하셨고, 남들과 같은 평탄한 길을 가라는 가르침을 주시곤 했었지만, 나는 그 길이 아니라는 것을 깨달았습니다. 그 시절에 대학도 포기하고, 바로 고등학교 3학년 2학기 때부터 부모님 몰래 밤에 학교 끝나고 미용 학원을 다니기 시작했습니다.

Q : 논산에 헤어하는 남자가 없었기에 학원 들어가기도 쉽지 않았을 것 같은데, 어땠습니까?

A : 학원에서 상담을 할 때 선생님께서, "과연 할 수 있겠느냐?"라고 물으시자 고심을 했습니다. 학원 다닐 초입부터 부딪쳤습니다. 그런 것 있잖아요. 괜히 그러면 더 하고 싶은 마음 말이에요.

그 당시 집에서 부모님 몰래 하려다 보니까 상당히 어려움을 겪을 수밖에 없었습니다. 학원을 다닌다는 것은 학원비도 있어야 하고, 학원에서 쓰는 재료비도 있어야 되는데, 그런 말을 할 수 없었습니다.

집에서 미용하지 못하게 할 것이 뻔한 상황이니 혼자 일요일, 학교 안 가는 날, 또는 수업 없는 날에 이것저것 닥치는 대로 아르바이트해서 번 돈이라서 그런지 미용 학원 다니기에 더 열의가 생기는 것입니다. 학원 선생님에게 양해를 구해서 수업이 끝나 사람들이 다 간 이후에도 혼자 남아서 연습했습니다.

힘들게 시작했고, 또한 내 스스로 해야 했기에 집에 가서도 방문 걸어 잠그고, 가방에 숨겨 왔던 마네킹을 갖고 새벽 3~4시까지 커트했습니다. 하루 빨리 끝내려고 노력한 결과 6개월 코스였는데, 열심히 해서 3개월 만에 끝내 버렸습니다.

Q : 헤어 디자이너가 되시기 전에 스태프 시절은 어떠하셨습니까?

A : 그 당시 자격증을 따서 학교 졸업하자마자 취업을 했습니다. 시작 단계가 여자들이 하는 것 그대로였습니다. 일단 미용실 내부의 바닥을 쓸고나면 가장 기본적인 일부터 합니다.

그 무렵에는 남자들에게 그런 일을 시킨다는 것 자체가 어려운 사회 분위기였습니다. 그러다 보니 그 안에 있었던 여자 선배들은 내가 남자다 보니까 특혜를 받는 것처럼 비쳐서 안 좋게 보고 미움을 받았습니다.

스태프 시절, 요즘 같은 경우 체계화가 잡혀 있어 시스템대로 되어가는 형태이지만, 그 당시에는 어쨌거나 내가 남자이기에 눈에 띄었고, 미용실 원장님의 테스트를 거쳐 스태프하면서부터 원장님한테 직접 특강을 받았습니다.

원장님께서 나를 직접 가르치면서 디자이너로 키워주기 위해 굉장히 빨리 한 편이었고, 제대로 하려면 원래 스태프 생활만도 4~5년은 해야 되는데, 스태프 생활을 1년 남짓만 했습니다. 물론 그 때도 미용실에서 디자이너나 스태프들이 퇴근한 이후에도 혼자 계속 연습했습니다.

Q : 원장이 편애한다고 내부 스태프들의 저항도 있었다고 하셨습니다. 그 문제는 어떻게 풀어나가셨는지 말씀해 주시겠습니까?

A : 그런 것들이 나한테는 어떻게 보면 겪어야 할 인생의 시발점입니다. 그럴수록 방법은 하나입니다. 즉, 실력을 보여주는 방법밖에 없습니다.

선배들이 봤을 때 '이 사람이 그만한 능력이 되니까 그런 혜택을 받는구나' 그것을 보여주기 위해 다른 사람보다 몇 배 더 연습했습니다. 결국 내가 먼저 디자이너가 되었지만, 그 선배들을 진짜 다 챙겨주었습니다. 그런데 디자이너지만 스태프들이 하는 것처럼 옆에서 도와주고 하면, 그 사람들도 처음에는 반발심이 있었지만, 나의 인간성이라든지, 실력이라든지, 결국에 인정을 해 주었으므로 나중에 큰 문제가 없었습니다.

Q : 논산에서 서울로 올라오셨습니다. 그 무렵, 상경해야 했던 배경과 이유 등을 이야기해 주시겠습니까?

A : 사람은 아무래도 큰 곳으로 올라가고 싶은 마음이 드는 게 현실입니다. 그 해에 논산에서 일을 하고 있다가

잠깐 출가를 해야겠다는 생각이 들었습니다.

어쨌거나 부모님께서 너무나 심하게 반대를 하셨기에 서울로 올라온다 하는 자체가 가출과 같은 일이 될 수밖에 없었습니다.

집안에서 처한 반대 입장과 남자로서 일하는 것에 부딪치는 점이, 비록 어릴 때 시작한 것이지만, 중간에 굉장히 힘들었습니다. 그래서 서울로 올라가면 대충해서는 안 되겠다는 생각을 했지만, 과연 내 실력으로 무엇을 할 수 있을까 하는 두려움도 들었습니다.

그러나 내가 미용하기 위해서 색다른 기술들을 가지고 감각을 배운다면 남보다 뒤떨어지지는 않을 자신도 생겨 올라왔습니다.

그리하여 서울로 올라와 헤어하다가 헤어스타일리스트가 되기 위해 스타일리스트 학원 6개월 과정을 했습니다. 학원 마치고 아르바이트하러 갔다 끝나면 새벽 4시가 되니까 노래방 사장님이 택시 타라고 2천 원을 주셨습니다. 2천 원도 모으기 위해서 택시 안 타고 첫차를 기다렸습니다. 그렇게 집에 돌아가 학원에서 내준 과제를 하면 아침 9시에 자서 12시에 일어나 잠은 3시간만 자는 생활을 6개월간 했습니다.

몸은 피곤해도 좋아하는 일을 하니까 행복했습니다. 그 이후 완벽하게 하려고 메이크업도 공부했고, 어차피 세 개가 다 똑같은 패션 일이기에 그렇게 여러 가지 공부를 했습니다.

Q : 서울에서 본격적으로 헤어스타일리스트로서 프리랜
서 생활을 하셨는데, 어려움은 없었습니까?

A : 그 때는 정말 패션 촬영이 너무 즐거웠습니다. 물론 안
에서 촬영이 없는 날에는 손님들에게 헤어해 주는 것도
재미있었지만, 밖에 나가서 촬영하는 자체가 너무나 많은 것을
배울 수 있었고, 남들보다 한 시즌 더 빨리 밖의 매장에 없는 옷
을 먼저 내 눈으로 직접 보고 더 앞서갈 수 있어 좋았습니다.

거기에 더 해 모델들이나 포토 그래퍼와 이런 일을 하다 보면
나에게 감각적으로 도움도 더 많이 되었습니다. 현장에서 꾸준
히 일을 계속하다가 잠깐 외국으로 나가 공부했습니다.

Q : 97년 호주에서 헤어를 수료하시고, 98년 프랑스에서
메이크업을 수료하셨습니다. 아직도 더 배울 것이 남아
있습니까?

A : 헤어스타일리스트 일을 해 보니까 내가 아직도 부족하
다 많이 느낀 상태입니다. 그러다 보니까 이제 한 번쯤
해외에 나가서 잠깐이라도 해 봐야겠다 해서 간 것입니다.

가서 기술적인 면은 도움이 되었지만 일단 외로움과의 싸움이

었습니다. 혼자 가서 공부를 하여서 그 외로움을 이겨낸다는 것입니다.

방법은 단 하나, 공부하는 것밖에 없었습니다. 공부라고 해서 이론적인 것도 포함되지만, 사실 호주라는 나라가 전세계 사람들이 모여 있는 나라여서 볼 것도 많고, 스타일적으로도 정말 어느 날은 앉아서 카메라 들고 지나가는 멋진 사람을 하루 종일 사진 찍어 놨다 보고, 어느 날은 머리 스타일만 촬영해서 계속 공부했습니다.

우리 나라에 없는 책들도 너무 많으니까 수업 없는 날에 가서 계속 봤습니다.

Q : 프리랜서를 하시며 TTL 임은경 광고, 앙드레김 패션 쇼, 영화 〈내 사랑 싸가지〉 등 많은 곳에서 활동하셨습니다. 각각 힘들 때와 좋은 경우도 있었을 것 같은데, 이야기해 주시겠습니까?

A : 촬영을 하고 패션 쇼를 하다 보니까 그 당시 한 달에 많이 쉬면 1~2일 정도밖에 못 쉴 정도로 빡빡한 스케줄에 프리랜서 생활까지 하면서 보냈는데, 지치고 너무 힘든 과정의 내용들이 얘기할 수 없을 정도로 많았습니다.

프리랜서 일을 하는 과정에서 광고라든지, 쇼라든지, 컨셉에 맞춰서 하다 보면 내 아티스트적인 감성이 안 나오기 때문에 거기서 부딪치는 점도 많이 생깁니다.

쇼를 하면, 보여주고 싶은 컨셉은 나는 이것인데 선생님들은 생각이 다르고, 광고를 원하는 컨셉은 이것인데 그것을 중간에 맞춰 조율하고, 하지만 무엇보다 더 감각 있게 보여줘야 되는 게 자존심이에요. 왜냐 하면 사람들은 광고나 쇼를 보고, "그게 누가 한 건데, 역시 그 사람이 한 게 맞긴 맞구나" 이런 소리를 들어야 되기 때문에 나 또한 예민하지 않을 수 없습니다.

특히 옛날에 내 주장이 워낙 뚜렷했던 사람이라 선생님들과 서로 의견을 갖고 많이 다퉜는데, 결과물이 중요하니까 쇼가 끝나고 광고가 끝나 나중에, 이 사람이 왜 이렇게 고집을 피웠나 알게 되시고, 나를 인정해 주시며, 다시 나를 찾아주실 때가 가장 행복하고 보람됩니다.

Q : 박준 선배나 유지승 선배처럼 헤어 한 가지를 잘 하는 것도 쉽지 않은데, 두 가지를 동시에 잘 하셨습니다. 어떤 상관 관계라도 있습니까?

A : 촬영 현장을 나갔을 때 헤어와 메이크업 두 가지를 다 하는 사람은 많지 않았습니다. 그렇기에 난 그것을 노렸습니다. 두 가지를 다하면서 어차피 그러기 위해서 메이크업도 가서 제대로 좀더 공부해야겠다고 생각해 갔다온 것이고, 배우고 한국으로 돌아와보니 훨씬 나에게 도움이 되었습니다.

어쨌거나 내가 포커스에 맞춘 것은 헤어스타일리스트였는데, 메이크업을 하다 보니까 헤어를 더 하고 싶어지는 마음이 오히려 생겼습니다. 그래서 그 해 내가 진짜 촬영을 위해 우리 나라의 모든 잡지와 쇼에서 안 해 본 것 없이 활동을 많이 하다 보니까, '한국 패션가 사진협회 헤어드레서 상'을 나에게 주었던 것 같습니다.

Q : 선생님의 일하시는 자세가 궁금한데, 그 점에 대해 말씀해 주시겠습니까?

A : 우선 남들과 달리해야 됩니다. 남들이 하는 것을 하면 안 되죠.

그게 중요한 얘기이고, 그래서 어떠한 일을 하더라도 컨셉을 잡을 때 남이 하는 것을 카피해서 비슷하게 일하다 보면 나 자신에게 창피해지는 것입니다.

나 자신이 일에 대한 성취감과 만족감도 없고, 또 그런 것이 또 쌓이고 쌓이다 보면 그게 금방 성취감이 떨어지기 시작하는 것이며, 또 무엇보다 패션 쪽에 너무 힘든 것이 많은 게 사실입니다.

특히 조금이라도 남을 따라하기 시작하고, 그런 것들이 보여지면 이것도 나 혼자 하는 일이 아니어서 포토그래퍼나 스타일리스트, 또 디자이너 분 등 관계자들이 많기 때문에, 그 사람들이 보는 것은 굉장히 냉정하므로, "누구 스타일 따라갔네" 이런 얘기가 나오면 일의 양은 바로 줄어 버립니다.

그래서 항상 긴장하게 되고, 일만큼은 완벽주의 수준의 생각을 갖고 있어요. 남들이 봤을 때는 쉽게쉽게 대충하는 것 같은데 정확합니다. 손 빠른 것으로 누구도 나를 따라오지 못하리만큼 유명했으니까 말입니다.

그런데 사람들은 쉽게 보지만 나는 그렇게 하기까지 밤에 잠을 안 자더라도 머릿속에 모든 그림이 다 그려져야만 합니다. 그래야 결과가 빨리 진행되니까 잠도 매번 설치고, 컨셉을 잡고 머릿속을 정리해도 새벽까지 또 걱정이 되어 신경이 쓰이는데, 그런 것들이 일상에 매번 반복되었습니다.

그리고 그 많은 일들을 그렇게 힘든 상황에서 어떻게 해냈는지, 지금 생각해도 나름대로 잘 헤쳐나간 것 같습니다.

Q : 외향적인 성격은 아니신 것 같습니다. 자기 자신을 어떻게 생각하십니까?

A : 어렸을 때는 내성적인 편이었습니다. 사회 생활을 하다 보니까 사회 생활이 힘들다는 것을 느꼈고, 그 다음부터는 스스로가 변해야 되는데, 그걸 어떻게 변해야 되는지 일부러 훈련했던 것은 아닙니다.

그렇다면 일들을 부딪치면서 자기 자신이 힘드니까 힘들지 않으려면 어떻게 해야 되나 생각하고, 그러다 보니까 자연스럽게 조금씩 성격이 바뀌다보니 어느 새 많이 변했습니다.

그 예로, 어떤 일로 난처해진 자리에서 어느 순간 나도 모르게 '이게 나의 진짜 모습이 아닌데' 하고 혼자 중얼거리고 있습니다. 하지만 그 시간이 지나고 얼마 후 나도 많이 사회에 적응되어 있음을 알 수 있습니다. 이제는 나도 훈련이 되어 있다고 생각합니다.

Q : 헤어스타일리스트로서 후배들을 위해 일하셨다는 일화가 있습니다. 그 이야기를 해 주시겠습니까?

A : 선배들이 지금 일하고 있는 여러 가지를 후배한테 도움을 줘야 하는 부분이 있어야 됩니다.

사실 내가 처음 프리랜서로 잡지 촬영할 때 보수가 없었습니다. 굉장히 안타까운 현실이었습니다. 이를테면 사진 작가·모델·스타일리스트·패션스타일리스트 이런 분들이 똑같은 촬영을 하는데, 헤어 메이크업하시는 분들만 페이가 없었습니다. 그 때 그것을 내가 보고 '만약에 프리랜서를 안 하고 운영했을 때 후배에게 남는 것이 무엇일까?' 그 때 결심했던 게 이런 현실을 바꾸는 것이었습니다.

'이대로 안 된다. 수많은 잡지 기자들한테 욕을 먹으면서 왜 페이가 지불이 안 되냐? 이건 말이 안 된다.' 이유는 단 한 가지, 미용실에서 이름을 내주는 조건으로 협찬 촬영해 주다보니 프리랜서들도 당연히 협찬으로 쓰게 된 거죠.

그것을 바꾸어놓기에 굉장히 힘들었습니다. 욕도 많이 먹었고 말입니다. '나는 괜찮다. 나는 괜찮은데 나중에 후배들이 헤어스타일리스트에 매력을 느껴서 이 일을 많이 할 텐데, 그때 다시 어떻게 할 거냐? 페이가 지불돼야 된다.'

그 때부터 내가 개척을 하기 시작했습니다. 기자들과 미팅할 때에 주입시키고, "나는 안 줘도 된다. 이거 말이 안 된다" 하고 강력하게 주장했습니다. 그러자 조금씩조금씩 그게 바뀌어 나갔습니다.

다음 후배들부터 분명 지급이 되어야 한다고 주장한 결과, 지금은 큰 문제 없이 헤어스타일리스트도 다 페이가 지불됩니다.

내가 그렇게 했다는 것을 일부러 누구한테 알리지도 않았고, 그럴 필요도 없지만 말입니다.

지금 페이가 제대로 자리가 잡혀서 기분이 좋습니다. 그렇다면 지금 현재 실무에서 바쁘게 하고 있는 후배들이 이 다음에 활동할 후배들을 위해 과연 어떤 일을 하고 있는지 본인 스스로 한번 되돌아보라고 얘기해 주고 싶습니다.

Q : 2005년에 〈Coop〉이라는 미용실을 오픈하셨습니다. 별 다른 어려움은 없으셨습니까?

A : 2005년까지 프리랜서 생활을 오랫동안 하다가 내가 마음놓고 손님을 받을 수 있는 안정된 공간을 마련하자는 차원에서 미용실을 오픈했습니다.

그전에 헤어스타일리스트로 일할 때는 작품에 대해서만 고민했는데, 시간이 지날수록 감각적인 고민들 때문에 힘들었습니다. 게다가 강남에서 미용실을 시작하면서 사업이란 것에 뛰어든 순간, '정말 장난이 아니구나' 라고 새삼 깨달았습니다. 그렇지만 말 그대로 헤어스타일리스트이기 때문에 내가 헤어스타일링 잘 하고, 패션 쪽에서 아는 사람도 너무 많으니까 자신감 하나로 오픈했습니다.

그런데 생각대로 이루어지지 않았습니다. 그리하여 실패 속에서도 경험을 쌓아가며 성공한 분들의 경영 지식을 배워야 되겠다는 생각을 갖게 된 계기였습니다. 경영이 안 좋은 상황에서 그럴수록 초심을 잃지 않았습니다.

사람들은 안 좋은 환경일수록 부정적으로 생각합니다. 그런데 초심을 생각하면 다시 에너지가 생기게 됩니다. 그 때는 밤새고 코피 흘려가면서도 행복했습니다. 그래서 그 때를 되새기고 지금 사업적으로 어려운 게 대수인가 생각하며 다시 일어섰습니다.

그 이후로 내가 직원들이나 손님들에게 대하는 행동이 많이 변했습니다. 예전에 나는 고객을 나한테 머리하고 싶어 오는 사람이라고 생각했습니다. 그러나 이제는 고객을 너무 소중히 생각하고, 같이 일하는 직원들과도 그들의 입장에서 많은 시간을 가지고 대화하기 위해 노력합니다.

Q : 현재 진행하고 있는 일과 스타일리스트로서의 철학을 듣는 것으로 마무리하겠습니다.

A : 〈coop〉을 정리하고, 일반적인 미용실보다 고객들에게 패셔너블하게 다가갈 수 있는 개념으로 숍을 생각했습니다.

그 와중에 이은영 원장님과 오랫동안 알고 있었는데, 이분은 메이크업 실력뿐만 아니라 비즈니스에도 훌륭하시고, 나는 패션 쪽에서 헤어스타일리스트로 오랫동안 일하며 지닌 감각과 잘 맞아떨어져서 일생 일대에 가장 중요한 날 멋지게 꾸며주는 웨딩 아이템으로 〈살롱 루즈〉 사업을 하게 되었습니다.

지금 미용실에서 경영을 하고 있지만, 촬영이 있는 날은 아직까지도 촬영장에 나가서 예전처럼 활동합니다.

그런데 사람들은 날 불편하게 생각합니다. 사장에다 나이가 어느 정도 있으니까 10대 모델과 30대 포토그래퍼와 젊은 40대 광고주와 일하다 보면 나이 차가 많으니까 부담스러워 해서 개인적으로 안타깝습니다.

나의 마음가짐은 나이를 생각하지 말자입니다. 연령을 생각하게 되면 그 이후부터 이 일을 할 수도 없고, 너무나도 불편하게 됩니다. 그런데 외국에서는 백발이 되어서도 스태프들과 멋지게 일합니다. 나도 그들처럼 한국에서 현역으로 헤어스타일리스트로서 남는 것입니다.

인터뷰를 하면서 느낀 점은, 그 분야의 리더가 되기 위해서는 스스로 자부심을 갖고 자신의 일을 탁월하게 잘 했다는 점입니다. 그리고 일을 잘 하는 사람은 그 재미있는 맛을 알아 신이 날 수밖에 없습니다.

그렇다면 우리도 지금 우리 자신에게 일의 참맛을 느끼는지 스스로에게 물어봐야 합니다. 그럼 무슨 답이라도 나오게 됩니다. 긍정적인 대답은 좋은 경우이기에 말할 필요조차 없지만, 아니라고 대답이 나왔다면 우선 자신을 믿어야 합니다.

자신을 믿지 못하는 사람은 신념이 생길 수 없기에 그 무엇도 하기 힘듭니다. 무슨 일에 몰입할 수 있는지 숨어 있는 내면의 자아를 깨워 얘기해 봐야 됩니다. 단, 여기서 중요한 것은, 밥벌이를 떠나 진실로 하루에 라면 한 끼를 먹더라도 행복한 일을 십 년이 걸리더라도 찾아야 한다는 것입니다.

대부분의 사람들은 일을 대함에 있어 자신에게 행복한 희열을 잊고 살고 있습니다. 설사 나의 적성에 맞는 일을 찾았다고 하더라도 그 일이 경제적으로 자신에게 보상하는 게 낮다는 이유 하나로 묵인하거나 외면해 버립니다. 하지만 인터뷰에서 깨달은 것은, 리더들은 대개 초기에 배가 고팠어도 자신의 꿈을 향해 매진했다는 사실입니다.

대부분 사람들은 성인이 되어 돈에 얽매여 청년 시절의 소중한 꿈을 접어두고 현실과 타협합니다. 하지만 30대에는 편할 수 있으나, 40대에 불타는 열정이 없으니 구조 조정을 당하게 될 수 있습니다. 설령 40대에 일의 기반을 잡았다 하더라도 이루지 못한 꿈을 회상하며 현실에 만족을 느끼지 못할 수 있습니다.

하지만 내가 만났던 이 시대의 리더들은 나이가 50~60대가 되어도 아직까지 가슴이 타오르고 있다는 것을 느꼈습니다. 그것은 곧 일에서 희열을 느끼고, 그럼으로써 삶의 열정에 의해 일상 생활에서도 만족을 느낀다는 것입니다.

우리는 그 동안 남의 의식 속에서 살아왔습니다. 학교를 비롯해 군대와 사회 속에 살다 보니 자신도 모르게 그 규범에 맞춰진 생활을 하고 있습니다. 따라서 자연스럽게 나라는 사람이 기성화됩니다. 그렇기 때문에 나란 자아성을 억누르면서까지 사회가 원하는 인재상에 부합되려고 철저히 노력하게 됩니다.

그러므로 자신의 꿈과 행복에 앞서 1퍼센트가 만들어놓은 세속적인 기준과 물질적인 보상을 선택하게끔 되어갑니다. 이제 우리에게 그 동안 주어진 부정적인 사고의 틀에서 벗어나, 1퍼센트 리더들이 가졌던 나만의 창조적인 생각과 거기에 따른 실천을 해야 합니다. 남이 생각하는 기준이 아닌, 자신의 내면에서 나오는 소리에 주목해야 합니다. 그렇게 되면 자신이 좋아하는 일을 찾게 되므로 자연스럽게 효율성도 뛰어나게 됩니다. 결과적으로 성공을 하고 싶지 않아도 할 수밖에 없는 습관이 이루어지는 것입니다. 그래서 《대한민국 리더들의 성공습관》이 만들어졌습니다.

세상에 고민을 갖고 있는 사람들은 모두가 이 책을 통해 숨어 있는 자신과 만나 성공의 습관을 만들어가시기를 바랍니다.

이 책이 세상에 태어나기까지 신경을 써줬던 선영사 식구들, 마음이 따뜻하신 정윤기 대표님, 글을 보며 항상 감탄한 이상건 부소장님, 열정 있는 이상호 기자님, 항상 감사한 영어선생님 우승택 PB님, 존경하는 정인태 회장님, 늘 힘이 되어주신 박경환 소장님, 헤어 메이크업을 담당해 주신 임원묵 원장님, 멋진 사진 촬영해 주신 우제훈 포토그래퍼님, 나의 평생 은사이신 소냐한 선생님, 카페 운영자 박범영님, 의리있는 강영준과 용민수, 꿈많은 15년 지기 친구 김남우를 비롯한 나의 친구들과 가족, 내가 사랑하는 그녀, Daum 10in10 철학 인터뷰에 응해 주셨던 모든 분들, 그리고 책을 통해 만나는 독자분들에게도 진심으로 감사를 드립니다.

10대들이 꼭 배워야 할 돈 벌기 부자법칙

1판 1쇄 발행 / 2006년 06월 20일
1판 1쇄 발행 / 2006년 06월 30일
1판 2쇄 발행 / 2019년 01월 30일

지은이 / 미래경제연구회 엮음

주 간 / 장상태
편 집 / 전양경
디자인 / 김범석

펴낸이 / 김영길
펴낸곳 / 도서출판 선영사
주 소 / 서울시 마포구 서교동 485-14 선영사
TEL / (02)338—8231~2 FAX / (02)338—8233
E—mail / sunyoungsa@hanmail.net

등 록 / 1983년 6월 29일 (제02—01—51호)

ISBN 978—89—7558—331—7 43320

ⓒ Korea Sun—Young Publishing. co., 1986

·잘못된 책은 바꾸어 드립니다.